Sowieso

Deutsch als Fremdsprache für Jugendliche

Arbeitsbuch 1

von
Hermann Funk
Michael Koenig
Gerd Neuner
Theo Scherling

Langenscheidt
Berlin · München · Wien · Zürich · New York

Von
Hermann Funk, Michael Koenig, Gerd Neuner und Theo Scherling.

Redaktion: Lutz Rohrmann
Layout: Theo Scherling
Umschlaggestaltung: Theo Scherling unter Verwendung eines Fotos von Flecks/Bavaria Bildagentur und des Schriftzugs ***sowieso*** von Jan Kaul

Autoren und Verlag danken für die kritische Begleitung durch Susy Keller und Maruska Mariotta (Fachexpertinnen für Deutsch an der Scuola Media im Tessin, Schweiz), Spiros Kukidis (Kursleiter an der Moraitis-Schule in Athen, Griechenland), Joseph Castine (Northport Public Schools, USA) und Birgit Bauer-Berr (Fachberaterin der Zentralstelle für das Auslandsschulwesen in Kalifornien, USA)

Wir danken weiterhin allen Kolleginnen und Kollegen, die ***sowieso*** erprobt und mit zahlreichen Anregungen zur Entwicklung des Lehrwerks beigetragen haben.

sowieso
Deutsch als Fremdsprache für Jugendliche

Band 1: Materialien

Kursbuch 1	ISBN 3-468-47650-7
Cassette 1A (Kursbuch)	ISBN 3-468-47653-1
Arbeitsbuch 1	ISBN 3-468-47651-5
Cassette 1B (Arbeitsbuch)	ISBN 3-468-47654-X
Foliensatz 1	ISBN 3-468-47656-6
Lehrerhandbuch 1	ISBN 3-468-47652-3
Glossar Deutsch–Englisch 1	ISBN 3-468-47660-4
Glossar Deutsch–Französisch 1	ISBN 3-468-47661-2
Glossar Deutsch–Italienisch 1	ISBN 3-468-47662-0
Glossar Deutsch–Spanisch 1	ISBN 3-468-47663-9

Symbole in ***sowieso 1:***

diese Texte sind auf Audiocassette

GR hier gibt es mehr Informationen in der Systematischen Grammatik im Arbeitsbuch

Umwelthinweis: gedruckt auf chlorfrei gebleichtem Papier

Druck:	10.	9.	8.	7.	6.	Letzte Zahlen
Jahr:	2001	2000	99	98	97	maßgeblich

Druck: Druckhaus Langenscheidt, Berlin
Printed in Germany · ISBN 3-468-**47651**-5

Inhaltsverzeichnis

Dieses Werk folgt der reformierten Rechtschreibung. Ausnahmen bilden Texte und Realien, bei denen historische, künstlerische, philologische oder lizenzrechtliche Gründe einer Änderung entgegenstehen. Die neue Rechtschreibreform will es dem Benutzer leichter machen. Sie erlaubt daher nicht nur unterschiedliche Varianten (z. B. *mithilfe* oder *mit Hilfe*, *selbständig* oder *selbstständig*), sie erlaubt bis 2005 auch die bisher gültige Rechtschreibung.
In den nächsten Jahren werden also verschiedene Schreibweisen nebeneinander bestehen. Wegen der geringen Änderungen wirkt sich die Neuregelung nur unwesentlich auf das gewohnte Schriftbild aus.

A

1 Internationale Wörter schreiben.

a Information
b ______________________
c ______________________
d ______________________
e ______________________
f ______________________
g ______________________

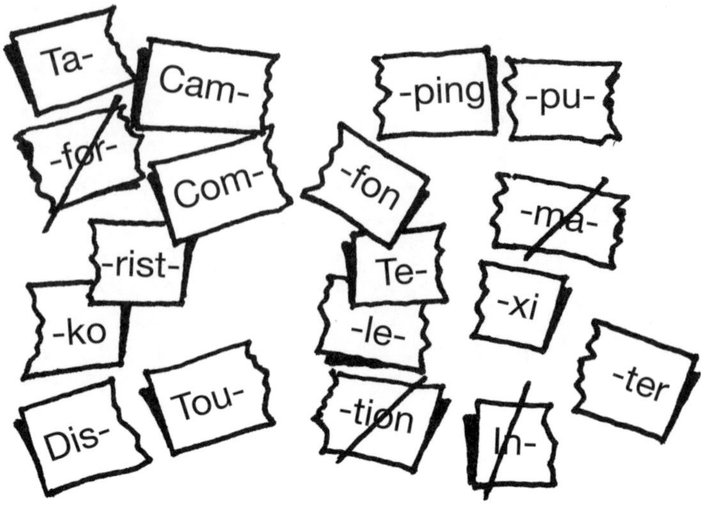

2 Internationale Wörter sammeln.

Deutsch	Meine Sprache	Andere Sprachen (Englisch, Französisch, Spanisch, ...)
Tourist		tourist, touriste
Baby		baby, bébé

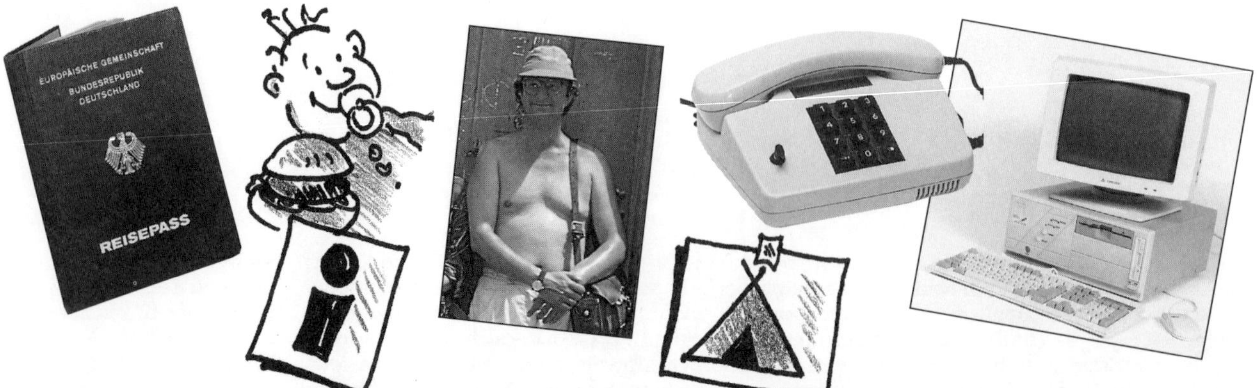

B

3 Was ist Musik Ⓐ, Sport Ⓑ, Politik Ⓒ?

- ◯ Conservatives in crisis
- ◯ EG-Konferenz in Brüssel eröffnet
- ◯ OLYMPIA 2000 IN SYDNEY
- ◯ Emma Eberlein: Neuer Star am Tennishimmel
- ◯ Kanzler auf Staatsbesuch in Washington
- ◯ Konzertprogramm: Mozart und Beethoven
- ◯ München im Rock-'n'-Roll-Fieber!
- ◯ US-Basketball-Stars auf Tournee
- ◯ 5000 Teilnehmer an internationaler Parlamentarierkonferenz in New York
- ◯ POP-KONZERT IN DER ALTEN OPER
- ◯ Auto-Rallye Paris – Dakar gestartet
- ◯ Neuer Weltrekord im Marathon
- ◯ LA CRISE DES PRISONS
- ◯ UN-Truppen: Friedensmission abgebrochen

4 Was verstehst du?

SCHWEIZER SCHOKOLADE
Die Statistik besagt: 9 Kilogramm Schokolade konsumiert jeder Schweizer im Jahr. Das sind 90 Tafeln oder 14 Meter Schokolade. Ein phantastischer Rekord!

Statistik /9/
____
____
____

C

5 Geräusche – Wörter hören und schreiben.

① Gitarre	⑤ ______
② ______	⑥ ______
③ ______	⑦ ______
④ ______	⑧ ______

~~Gitarre~~ · Auto · Telefon · Cola · Sinfonie · Computer · Sport · Disko

D

6 Kiki und Amadeus: ein Gespräch.

Nein, Autos mag ich nicht.

Magst du Musik?

Ja, sehr!

Magst du mich?

Ich heiße Amadeus.

Ja, ich mag dich.

Ich mag dich auch.

Und magst du Autos?

7 Magst du auch Sport?

Amadeus mag Tennis. Magst du auch Tennis?

Kiki mag Musik. ______

Ich mag Hamburger. ______

Ich mag Schokolade. ______

Kiki mag Cola. ______

Amadeus mag Camping. ______

A

1 Länder und Hauptstädte.

			B					
			E					
			R					
			L					
			I					
			N					

◀ Die Hauptstadt der Schweiz
◀ Die Hauptstadt von Österreich
◀ Die Hauptstadt von Belgien
◀ Die Hauptstadt von England
◀ Die Hauptstadt von Frankreich
◀ Die Hauptstadt der Niederlande

2 Wie heißt das Land?

NIESPAN SPANIEN
DANNLEG E
EINLATI ________
NOLEP ________
SZWIECH ________
SCHANDLEUDT ________
GEILNEB ________

Wie heißt die Stadt?

BINLER BERLIN
NERB B
RASCHUWA ________
GARP ________
SPIRA ________
SÜRBSLE ________
HAKNEGPOEN ________

B

3 Alles falsch! Bitte korrigieren.

Ich heiße Deutschland. Ich komme aus Hamburger. Ich mag Thomas Helmert.

Ich heiße Musik. Ich komme aus Maria Anderl. Ich mag Wien.

Mein Name ist Schweiz. Ich komme aus Tennis. Ich mag Laura Stucki.

Ich heiße Thomas Helmert.
Ich komme aus Deutschland.
Ich

4 Einen Text schreiben.

	Name	Land	Stadt	Interessen
a	Harald Meier	Deutschland	München	Musik, Tennis
b	Beate Schmidt	Österreich	Salzburg	Sport, Camping
c	Martin Müller	Schweiz	Basel	Hamburger, Cola
d	Heinz Elger	Deutschland	Hamburg	Computer
e	Silke Jensen	Deutschland	Bremen	Schokolade
f	Und du?			

Ich heiße Harald Meier. Ich komme aus Deutschland und wohne in München. Ich mag Musik und Tennis.

C

5 Buchstaben hören – Wörter schreiben.

D-E-U-T-S-C-H K-i-K-i

6 Buchstaben hören - Städtenamen schreiben.

S-i-R-A-P : Paris

7 Eine Geheimschrift.

NFJO OBNF JTU TVQFSNBO. JDI NBH IBNCVSHFS VOE DPMB.

Hier ist der Code: A = Z B = A C = B D = C E ....

8 Für die anderen eine „Geheimschrift" mit Code machen.

D

9 Die Kassette hören und Wortakzent markieren.

Telefon / Computer /

A

1 Die Nomen aus Einheit 1 und 2 mit dem bestimmten Artikel schreiben.

Technik · Politik · Hotel · Auto · Klasse · Schule · Computer · Disko · Kassette · Tourist · Taxi · Foto · ~~Pass~~ · Hamburger · Text · Sport · Ball · Automat · Tennisschuh · Bus · Information · Gitarre · Wort · Match · Judo · Lexikon · Maschine · Liste · Tafel · Radio · Baby · Buchstabe · Musik · Lehrerin · Schüler · ~~Lehrer~~

der Pass, der Lehrer		

B

2 Was ist das?

Computer oder Schreibmaschine? Das ist ein Computer.

Auto oder Bus? ______

Kassette oder Foto? ______

Kiki oder Amadeus? ______

C

3 Welche Wörter gehören zusammen?

Sport	Musik	Schule	Sprache	Technik	Tourismus	Hobbys/ Interessen
der Ball	die Gitarre	die Klasse	der Text	der Computer	das Hotel	die Disko

4 Ein Wort passt nicht!

a Sport · Tennisschuh · Ball · Kassette · Match
b Tourist · Judo · Hotel · Pass · Information
c Füller · Bleistift · Hotel · Lineal · Radiergummi
d Buchstabe · Lehrer · Schüler · Pass · Schule
e Technik · Maschine · Lehrerin · Computer · Automat
f Gitarre · Kassette · Disko · Foto · Radio
g Sprache · Deutsch · Lexikon · Buchstabe · Tennis

5 Kein Lexikon! – Ein Pass!

Ein Lexikon? Kein Lexikon! – Ein Pass!

Ein Bus? ______________________

Eine Schülerin? ______________________

Ein Ball? ______________________

Ein Computer? ______________________

Ein Radio? ______________________

Ein Wort? ______________________

Ein Lehrer? ______________________

Eine Schule? ______________________

D

6 Zahlenrätsel.

10				Z					
20				A					
8				H					
12				L					
13				E					
1				N					

1+1			Z			
5+3			A			
4+6			H			
9+2			L			
1+2			E			
7+2			N			

7 Zahlen schreiben.

a eins – zwei – ______ – vier – ______ – ______ – sieben – acht – neun – ______ – elf – ______ – dreizehn – vierzehn – ____________ – sechzehn – ____________ – ____________ – ____________ – zwanzig

b zwei – vier – sechs ________________________________ – zwanzig

c drei – sechs – ________________________________ – achtzehn

d vier – acht – ________________________________ – zwanzig

e 4 + 7 + 8 – 3 – 6 = ______________

20 – 15 + 9 – 12 = ______________

19 – 17 + 13 + 1 = ______________

14 + 5 – 8 + 2 = ______________

1 + 2 + 3 + 4 + 5 = ______________

20 – 3 – 6 – 9 = ______________

1 + 5 – 2 + 6 = ______________

16 + 4 – 15 + 8 = ______________

8 Vergleichen.

Deutsch	Meine Sprache	Andere Sprachen
dreizehn		
vierzehn		
fünfzehn		
sechzehn		
siebzehn		
achtzehn		
neunzehn		

A

1 Zwei Dialoge schreiben.

Eva:

______________________?

______________________?

Aldo:

______________________.

______________________.

Herr Müller:

______________________.

______________________?

______________________.

Peter:

______________________.

______________________?

B

2 Adressen verstehen und schreiben.

Die Adresse in Deutschland

Fritz (1) Gruber (2)

Blumenstraße (3) 34 (4)
76835 (5) Hainfeld (6)

Die Adresse in meinem Land

(1): der Vorname
(2): der Name
(3): die Straße
(4): die Hausnummer
(5): die Postleitzahl
(6): der Ort

3 Adressen schreiben.

Kurt Müller
Schillerweg 15
67471 Elmstein
Tel.: 43 58 14

Lothar Kulle
Meisenweg 7
36142 Tann
Tel.: 34 56 78

Renate Schubert
Am Wall 7
23715 Bosau
Tel.: 97 68 74

Helga Wenk
Dorfstraße 2
76872 Minfeld
Tel.: 22 17 65

Name:
Straße:
Stadt:

Name:
Straße:
Stadt:

Name:
Straße:
Stadt:

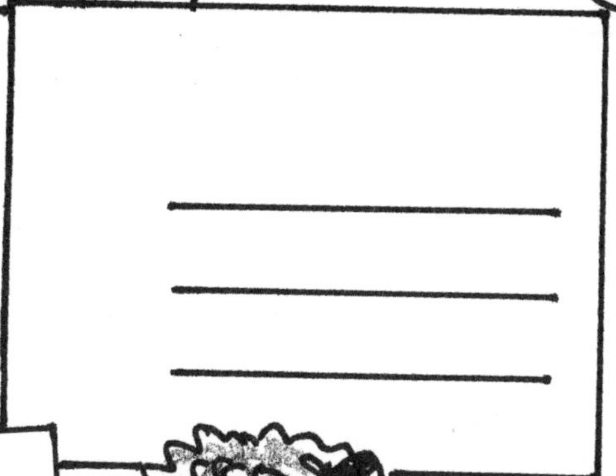

Name:
Straße:
Stadt:

C

4 Die Verben mit ◯ markieren.

Ich heiße Aldo. Ich komme aus Monopoli. Das ist bei Bari. Ich wohne jetzt in Frankfurt. Ich bin in Klasse 7a. Ich spreche gut Deutsch. Ich spiele Fußball. Ich mag Popmusik. Sie heißt Carola. Sie kommt aus Ascona. Das ist in der Schweiz. Sie spricht Deutsch und Italienisch. Sie lernt Englisch. Sie ist dreizehn.

D

5 Fragen mit Fragewörtern.

Personen: wer?
Kiki, Amadeus
Aldo, Carola

Sachen: was?
ein Buch, ein Ball
eine Tafel, ...

Wer ist das ?

______________________ ?

______________________ ?

______________________ ?

______________________ ?

6 Fragen ohne Fragewörter. Schreibe die Sätze richtig.

Sprichst du	Tennis
Lernst du	Deutsch
Magst du	in Deutschland
Wohnst du	Englisch

?

Sprichst du Deutsch?

____

A

1 Wie heißen die Tiere?

das Pferd
das Kamel

2 Wie heißen die Wörter?

T	

Fa-
-fel
Ta-
-to
Lö-
-mi-
Ot-
-fant
neun
-lie
Ei
-we
Ele-

B

3 Wie viele Tiere sind das?

PAPAHUNPIFININCHKATKANAVOPFE

4 Höre die Texte von der Kassette. Schreibe Stichwörter auf.

	Name	Alter	Wohnort	Hobbys/Tiere
Text 1				
Text 2				
Text 3				

5 Schreibe einen Text.

Wie heißt du? ____________________

Wie alt bist du? ____________________

Wo wohnst du (Land/Stadt)? ____________________

Welche Hobbys hast du? ____________________

Magst du Tiere? ____________________

Hast du Tiere? ____________________

C

6 Höre den Text von der Kassette. Ergänze die Texte.

Text 1 Ich bin Fredo. Ich bin der ____________von Daniel. Daniel ____________ mein Freund. Ich bin ____________Cocker. Ich bin drei ____________ alt. Ich ____________ Schuhe, aber ich mag keine ____________.

Text 2 Ich bi ____ der Af____Charlie. I____ kom____ aus Afrika. Ich wohn____ in Hamburg, i____ Zoo. Ich hab____ zwei Hobbys: Ich sp____ Gita____ und ich e____ Ba__________.

Text 3 Ich bi____ der Comp______ von Dan____. Ich sa____ zu Dan____: „Guten Mor____!" Er is____ nicht i____ der Schu____. Ich ma____ die Haus________. Ich schre____ eine Wörter_____. Ich le____ den Tex____. Ich le____ ein Ged____.

7 Wie viele Tiere hat Amadeus?

zwei Fische

Was ist in der Klasse von Kiki?

drei Bilder

D/E

8 Was hat Daniel?

Daniel hat einen Computer.

Was hat Daniel nicht?

Daniel hat keine Brille.

9 Was hast du? Was hast du nicht? Höre die Kassette und schreibe die Antworten.

Nein, ich habe keine Giraffe.

10 Höre den Text von der Kassette. Ergänze die Zahlen.

a 15 + 3 + ____ + 4 + ____ = 30

b 2 + ____ + 6 + ____ – ____ + 3 = 10

c 20 + ____ + ____ – 40 – 12 = 50

d 22 + 44 – 63 + ____ – 31 = 0

e 97 – 79 + 86 + 32 – ____ = 45

f 151 + 326 + 242 – 428 = ____

g 222 + 333 + 444 = ____

h 999 – 106 + ____ – 653 = 500

i ____ + 202 + 303 + 204 = ____

j 909 – ____ + 505 – 333 = ____

6

A

1 Klasse 7 – Die Deutschstunde und die Englischstunde.

Die Deutschstunde	**Die Englischstunde**
Der Lehrer kommt.	______________
Er sagt: „Guten Morgen!"	______________
Er spricht Deutsch.	______________
Er fragt – die Schüler antworten.	______________
Er hilft.	______________
Er korrigiert.	______________
Er liest vor.	______________
Er sagt: „Lernt die Wörter!"	______________
Er sagt: „Auf Wiedersehen!"	______________
Er geht.	______________

2 Das sagt Amadeus:

„Mathe ________ blöd. Ich ________ Englisch gut.
Französisch _______ ich nicht. Sport _________ super.
Noten _______ ich nicht. Schule __________ langweilig.
Tennis _______ ich toll. Fußball _______ ich nicht so gut."

3 Was sagst du? Schreibe 5 Sätze.

4 Was passt zusammen?

vorlesen	Tennis	Tennis spielen
aufschlagen	Bücher	______________
hören	Radio	______________
geben	Diktate	______________
spielen	Vokabeln	______________
diktieren	Sätze	
korrigieren	Texte	
aufschreiben	Wörter	
sprechen	Comics	
lesen	Noten	

B

5 Wer sagt was? Höre die Kassette und kreuze an.

		Schülerin/ Schüler	Lehrerin/ Lehrer
a	den Satz an die Tafel schreiben		
b	etwas lauter sprechen		
c	den Text von Seite 42 lesen		
d	das Wort an die Tafel schreiben		
e	die Kassette hören		
f	den Satz vorlesen		
g	langsam sprechen		
h	den Satz ergänzen		
i	das Buch aufschlagen		
j	das Wort wiederholen		

6 Höre die Kassette noch einmal. Schreibe die Sätze auf.

7 Was sagen die Tiere?

7

A

1 Schule: Wie heißen die Wörter?

B

2 Stefans Stundenplan. Höre zu, ergänze die Lücken und beantworte die Fragen.

Stefan hat 5 Tage ______________. Am Samstag hat er keinen ______________.

a Welche ______________ hat er am Montag? **b** Wann hat er ______________?

c Hat er auch ______________? **d** Was hat er am ______________?

e Wann hat er fünf ______________?

Antworten

a ____

b ____

c ____

d ____

e ____

3 Schreibe deinen „idealen Stundenplan".

Montag	Dienstag	Mittwoch	Donnerstag	Freitag	Samstag

4 Höre den Text von der Kassette und ergänze die Sätze.

Am Montag mache ich ______________. Am ________________ spiele ich ____________. Am Mittwoch gehe ich mit meinem ____________ spazieren. Am Donnerstag spiele ich ______________. Am Freitag machen wir zu Hause eine ____________. Am ____________ mache ich nichts. Am Sonntag gehen wir in den ____________. Am liebsten mag ich die ____________.

5 Was machst du am ...? Schreibe einen Text.

Montag?	Hausaufgaben machen
Dienstag?	Musik machen
Mittwoch?	Freundin/Freund kommt
Donnerstag?	Gitarre/Tennis spielen
Freitag?	Wörter lernen
Samstag?	Buch lesen
Sonntag?	spazieren gehen
	nichts machen

____

____

____

____

____

____

Aufgaben zur Wiederholung von Einheit 1 bis Einheit 7.

1 Was sagst/fragst du?

1 Schreibe deine Antworten auf.

a

Club der Deutschlernfans international

Clubausweis

Name: ______________________

Adresse: ______________________

____

____

____

Telefonnummer: ______________________

Klasse: ______________________

b Kiki sagt, sie mag Fußball. Du sagst, du findest das auch (++). ______________________

c Ein Junge sagt: „Ich heiße Amadeus." Du verstehst seinen Namen nicht. ______________________

d Kiki fragt: „Woher kommst du?" ______________________

„Sprichst du Deutsch?" ______________________

e Amadeus fragt: „Bist du 20?" ______________________

f Buchstabiere deinen Namen laut. Schreibe die B-U-C-H-S-T-A-B-E-N auf. ______________________

g Du kennst ein Wort nicht. Frag auf Deutsch. ______________________

h Kiki fragt dich: „Wie geht's?" (+): ______________________

(–): ______________________

i Amadeus sagt: „Tennis ist klasse!" Du findest das nicht. ______________________

j Wie findest du diese Übung? ______________________

2 Wörter

2 Welche Wörter kennst du zu: Sport, Musik und Schule?

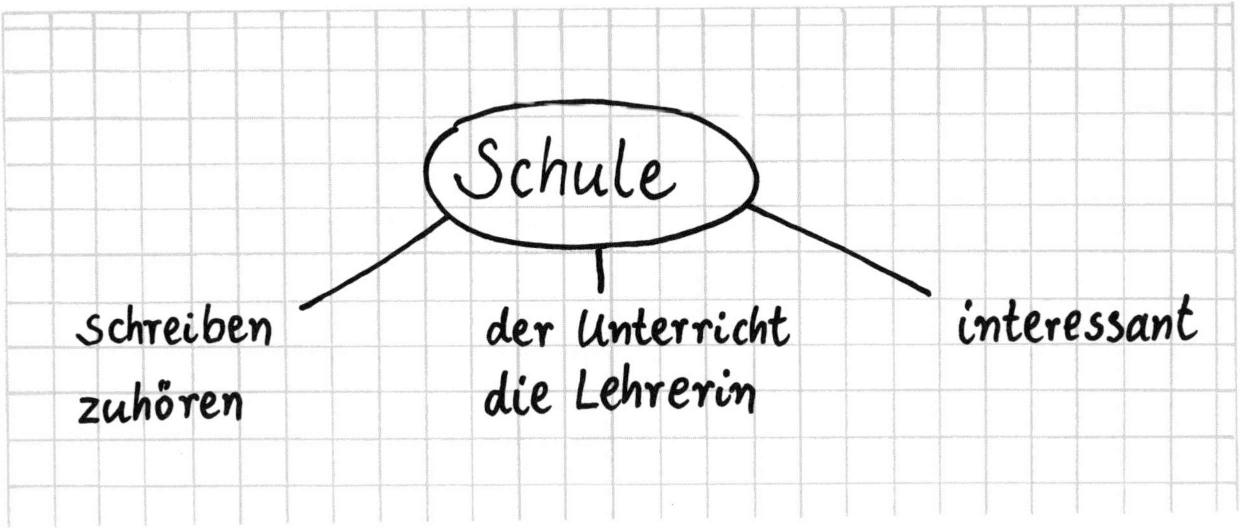

3 Ein Wort in jeder Reihe passt nicht.

a Lehrerin, Schüler, Lexikon, Hotel, Tafel

b Text, Tennis, Wort, Satz, Buch

c Fußball, Sport, Musik, Tennis, Banane

d Auto, Löwe, Katze, Hund, Pinguin

e vorlesen, nachschlagen, hören, vorspielen, aufpassen

f Amadeus, Antwort, auch, Artikel, Auto

4 Was passt zusammen?

Text	hören	______________________
Kassette	schreiben	______________________
Radio	lesen	______________________
Diktat	sprechen	______________________
Wort	lernen	______________________
Lied	spielen	______________________
Tennis	buchstabieren	______________________
Dialog	singen	______________________

5 Ergänze die Sätze mit Hilfe der Wortreihen rechts.

a Woher ________ du?	kommst · heißt · wohnst · gehst
b Wer bist ________?	du · er · sie · ich
c Berlin ________ in Deutschland.	wohnst · kommt · liegt · heißt
d Die Katze ________ keine Hunde.	spricht · isst · macht · mag
e Die ________ kommen in die Klasse.	Katzen · Bücher · Schüler · Taschen
f „Schlagt die Bücher ________!"	ab · auf · nach · an
g  Das finde ich ________.	gut · super · blöd · prima
h  Das ist ________.	langweilig · toll · blöd
i achtundvierzig, ______________ fünfzig, einundfünfzig	sechsundvierzig · siebenundvierzig · neunundvierzig · zweiundfünfzig
j Montag, ________, Mittwoch	Dienstag · Donnerstag · Freitag · Samstag · Sonntag

3 Aussprache/Intonation

6 Lang oder kurz? Höre zu und kreuze an.

	lang __	kurz •
Stadt		
Staat		
Land		
Ton		
wohnen		
liegen		
ist		
kommen		
Disko		
gut		

7 Wortakzent – markiere die betonte Silbe (__/•).

Musik Telefon Papagei Dialog Diktat Information Begrüßung Bettina Gedicht Griechenland Deutschland international

4 Rechtschreibung

8 Schreibe bitte die Wörter mit ○ auf.

Guten Morg①! Ich hei②e Ulla Klein. Ich wo③ne in Berli④. Das ist die Hauptst⑤dt von Deut⑥chland. Mein Hobb⑦ ist Te⑧is. Fu⑨ball finde ich auch gu⑩!

① ________ ⑥ ________
② ________ ⑦ ________
③ ________ ⑧ ________
④ ________ ⑨ ________
⑤ ________ ⑩ ________

5 Grammatik

9 Wie heißt der Artikel?

Pass
Satz
Buch
Text
Gitarre
Pause
Brille
Bleistift
Auto
Note
Heft

10 Wie heißt der Plural?

der Sportschuh	*die Sportschuhe*	die Tafel	________
das Auto	________	der Computer	________
der Radiergummi	________	der Lehrer	________
die Turnhose	________	die Katze	________
das Lineal	________	die Lehrerin	________

11 Wie heißen die richtigen Endungen?

Ich habe ein___ Hund. Er heiß__ Fredo. Er mag Bananen. Er mag kein__ Katzen. Er is__ drei Jahre alt. Er hat zwei Freund__, Bonni und Clyde. Sie sin__ Bobtails. Sie komm___ aus England. Sie mögen kein___ Salat. Aber sie mögen Küh___.

6 Hören

12 Was ist richtig? Höre den Text von der Kassette und kreuze an.

René hat Haustiere.

	richtig	falsch
Rico und Lora sind zwei Hunde.		
Rico sagt: „Tschüs, Tschüs".		
Lora ist 35 Jahre alt.		
Rico ist 68 Jahre alt.		
Rico mag Salat.		
Lora mag Hamburger und Salat.		

7 Lesen

13 Lies den Text und verbinde die Satzelemente.

Kiki und Amadeus im Deutschunterricht

Kiki und Amadeus sind in Klasse 7. Am Montag haben sie 2 Stunden Deutsch. Kiki mag Deutsch, Amadeus nicht. Amadeus macht immer Fehler!
Er sagt: „Ich mögen dich!" Kiki korrigiert ihn: „Das heißt: ‚Ich mag dich!'" –
„Ich dich auch!", sagt Amadeus – „Das sage ich doch!".
Kiki sagt zu Amadeus: „Schreib den Text auf!"
Und was macht Amadeus? Er holt ein Buch!
Kiki fragt Amadeus: „Wie alt bist du?", Amadeus antwortet: „Ja, gut!"
Kiki fragt: „Wo ist das Deutschbuch?", Amadeus antwortet: „Am Montag."
Kiki sagt zu Amadeus: „Du bist blöd!", Amadeus antwortet: „Ja, vielen Dank!"
„Du, Kiki", sagt Amadeus am Dienstag.
„Was ist?", fragt Kiki.
„Hier ist ein Gedicht", sagt Amadeus, „ein Dienstags-Gedicht." Es ist für Frau Bender, die Deutschlehrerin:

Ich Amadeus heißen
und viele deutsche Wörter weißen!

„Frau Bender findet das sicher ganz klasse!", sagt Kiki. „Du bekommst in Deutsch eine gute Note, eine Eins!"

Kiki und Amadeus sind →	falsch.
Amadeus macht	gut Deutsch.
Amadeus versteht	nicht gut Deutsch.
Kiki versteht	in Klasse sieben.
Amadeus antwortet	viele Fehler.
Kiki findet	Deutsch gut.
Amadeus findet	Deutsch langweilig.
	die Fragen nicht.

A

1 Was weißt du über die Leute? Der Text „Das ist meine Familie" hilft dir. Fülle die Tabelle aus.

Name	Alter	Wohnort	Arbeit	Hobbys
Kurt	X	Kaufungen		Video-Kamera Auto
Erika	X			
Henning				
Großvater Großmutter			X	
Monika				X
Wencke				

2 Wenckes Familie.

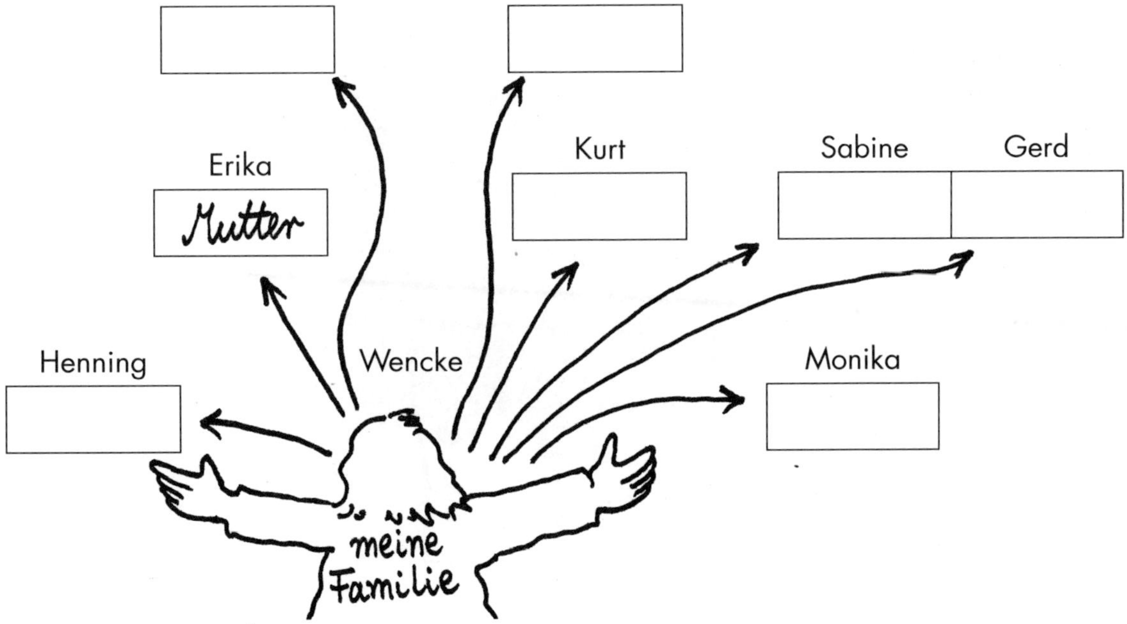

3 Wörter zusammen lernen.

Vater und Mutter
Schwester und ______
Tante und ______
Großvater und ______
Oma und ______
Cousin und ______

Hund und ______
interessant und langweilig
______
______
______
______

4 Wencke schreibt einen Brief an ihre neue Brieffreundin Julia in Rom. Julia liest den Brief, aber ...

Ergänze bitte den Brief.

Liebe Julia,
hallo! Ich heiße Wencke Gerwig
Ich bin 12 Jahre alt und wohne
in Kaufungen. Das ist nicht weit von Kassel.
Dort arbeitet mein Vater.
Hier ist ein Foto von meiner Familie.
Meine Mutter heißt Erika. Sie ist Lehrerin.
Wir haben ein Haus und einen Garten.
Ich habe einen Bruder. Er heißt Henning.
Er ist 21 und studiert in Hamburg.
Hast du eine Schwester? Ich habe keine.
Wann kommst du nach Kaufungen?
Komm in den Ferien. Dann fahren
wir nach Helsa. Dort wohnen meine Groß-
eltern. Das ist nicht weit, nur 13 Kilo-
meter. Sie haben einen Hund.
Er heißt Flocki. In den Ferien
ist Flocki bei uns! Ich mag Flocki
sehr gern. Er ist sehr lieb.
Ich habe auch einen Onkel
und eine Tante. Sie wohnen in Frankfurt.
Komm bald!

Herzliche Grüße deine Wencke.

5 Schreibe auch so einen Brief.

6 Wer ist das? Höre die Kassette und schreibe die Namen auf.

① ______

② ______

③ ______

④ ______

⑤ ______

Wencke
Erika
Henning
Sabine
Großvater

7 Höre die Kassette und zeichne die Sachen.

8 Fragen zu „Familie". Wie viele Fragen findest du?

① Wie heißt ____________________ ?

② ____________________ ?

③ ____________________ ?

④ ____________________ ?

⑤ ____________________ ?

⑥ ____________________ ?

⑦ ____________________ ?

⑧ ____________________ ?

A

1 Was weißt du von Graf Dracula?

Dracula ist ________________.	sehr berühmt
Er ist auch ________________.	in der Nacht
Er wohnt ________________.	am Tag
Er hat ________________.	ein großes Schloss
Er mag ________________.	Musik
Er „arbeitet" ________________.	in Transsylvanien
Er schläft ________________.	sehr alt

2 Ein Gedicht über Dracula. Ergänze die Wörter.

Hört ihr, er ist wieder da,
Der berühmte ________________!
Er lebt nicht in Portugal oder Spanien,
Sondern in ______________________________.
Dort hat er ein altes Schloss –
Das ist sehr schön und auch sehr ___________.
Er schläft von morgens früh um acht:
Sechzehn Stunden bis ________________.
Er war schon lange nicht mehr hier –
Doch heute Nacht kommt er um ___________!

B

3 Ein Interview mit Heike. Höre die Kassette mehrmals und notiere:

	Was macht Heike?	Wann macht sie das?
Jeden Tag 	Heike steht auf.	10 Minuten vor 7.

Montag 		
Dienstag 		
Mittwoch 		
Donnerstag 		
Freitag 		
Samstag 		
Sonntag 		

4 Zeitansage im Radio. Höre die Kassette und notiere die Zeit.

① ______ ② ______ ③ ______ ④ ______

⑤ ______ ⑥ ______ ⑦ ______ ⑧ ______

C

5 TIME ZONES · ZEITZONEN · FUSEAUX HORAIRES · FUSI ORARI

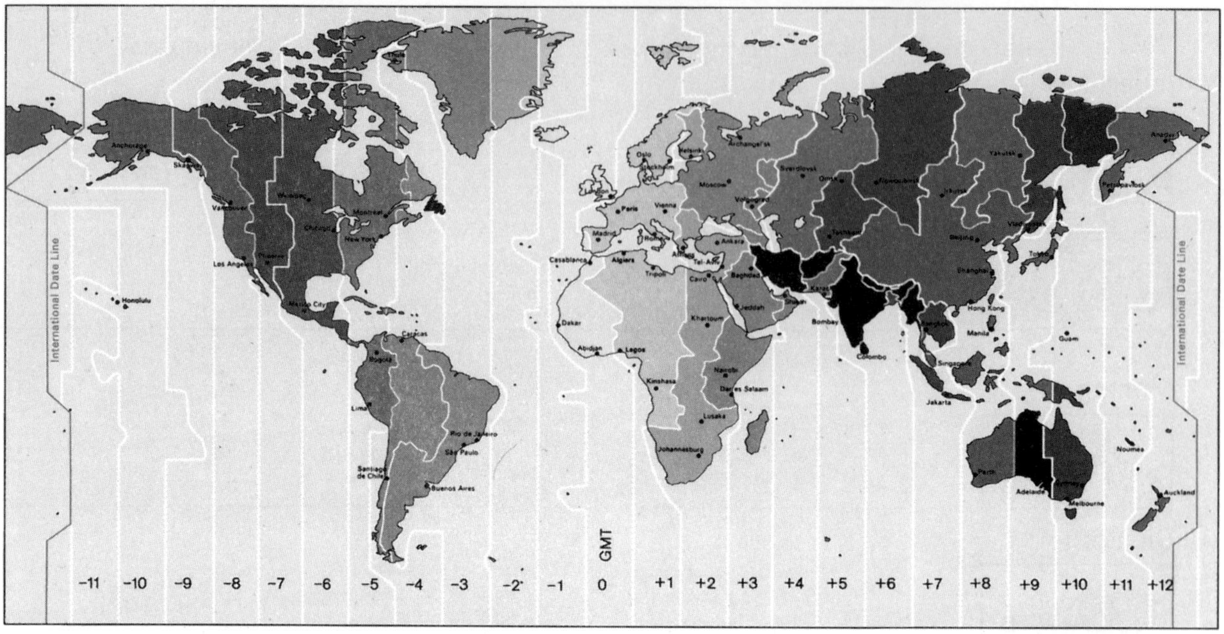

a In Frankfurt ist es 13 Uhr – in Jakarta ist es 19 Uhr: plus (+) 6 Stunden Differenz.
In Frankfurt ist es 13 Uhr – in New York ist es 7 Uhr: minus (–) 6 Stunden Differenz.

In Buenos Aires: 10 Uhr – in Teheran: ______________________

In New York: 24 Uhr – in Paris: ______________________

b In Tokio ist es Viertel vor 10. Wie spät ist es in Frankfurt? ______

In Paris ist es kurz nach 9. Wie spät ist es in London? ______

In Madrid ist es gleich 13 Uhr. Wie spät ist es in Bombay? ______

In Sydney ist es 14:56. Wie spät ist es in Oslo? ______

6 Länder vergleichen.

	Deutschland	**mein Land**
Wann beginnt der Unterricht?	oft um 7:45 Uhr oder um 8 Uhr	______
Wann hört der Unterricht auf?	oft um 13 Uhr	______
Wie lange dauert eine Schulstunde?	45 Minuten	______
Wann gibt es Mittagessen?	von 12 bis 14 Uhr	______
Wann gibt es Abendessen?	von 18 bis 20 Uhr	______

A

1 **Julia möchte mit Hannes schwimmen gehen. Sie ruft im Schwimmbad an. Höre zu und vergleiche die Öffnungszeiten. Frau Weber vom Schwimmbad sagt Julia die Öffnungszeiten. Eine Information ist falsch.**

Schwimmbad Neckarhausen Öffnungszeiten

Montag	geschlossen
Dienstag	8–11 Uhr 14–18 Uhr
Mittwoch	8–18 Uhr
Donnerstag	8–18 Uhr
Freitag	8–11 Uhr 15–19 Uhr
Samstag	8–17 Uhr
Sonntag	8–12 Uhr

	Vormittag	Nachmittag
Montag	geschlossen	geschlossen
Dienstag	8–11	
Mittwoch		
Donnerstag		
Freitag		
Samstag		
Sonntag		

2 **Julia ruft dann bei Hannes an. Höre das Gespräch von der Kassette. Was ist am Montag, Dienstag, Mittwoch, ...?**

Montag	Dienstag	Mittwoch	Donnerstag	Freitag
Schwimmbad geschlossen	Hannes hat am Nachmittag Schule und			

Wann gehen Julia und Hannes schwimmen? Am ______________ um ________ Uhr.

B

3 Einen Sprachbaukasten selbst machen. Lies die Dialoge und fülle die Tabelle aus.

● Wann gehen wir ins Kino?
○ Am Sonntag.
● Um 18 Uhr?
○ Nein, das geht nicht.
● Um 20 Uhr 30?
○ Gut, einverstanden.

○ Kommst du am Freitag?
● Da kann ich nicht.
○ Dann komm am Samstag!
● Okay, wann?
○ Um 19 Uhr.

○ Gehen wir morgen schwimmen?
● Gute Idee!
○ Halb drei?
● Halb drei geht nicht. Geht halb vier auch?
○ Ja. Also halb vier.

? Fragen
Kommst du am Freitag?

+ Ja sagen	– Nein sagen
Gut, einverstanden	Nein, das geht nicht

4 Mit dem Dialogplan arbeiten.

Schreibe die Dialoge.

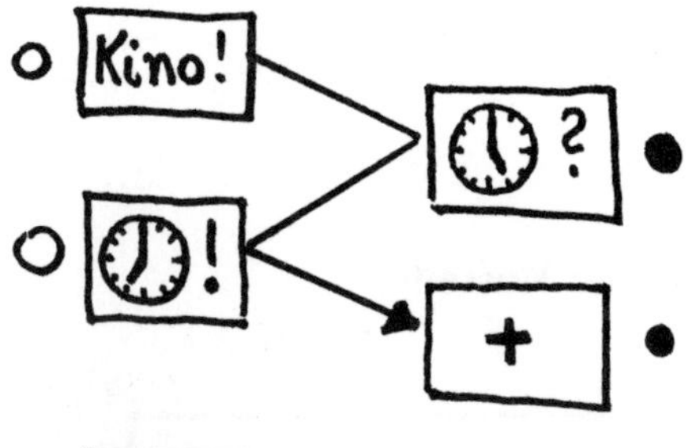

○ Wir gehen ins Kino. Gehst du mit?
● Wann geht ihr? Um 5 Uhr?
○ ______
● ______

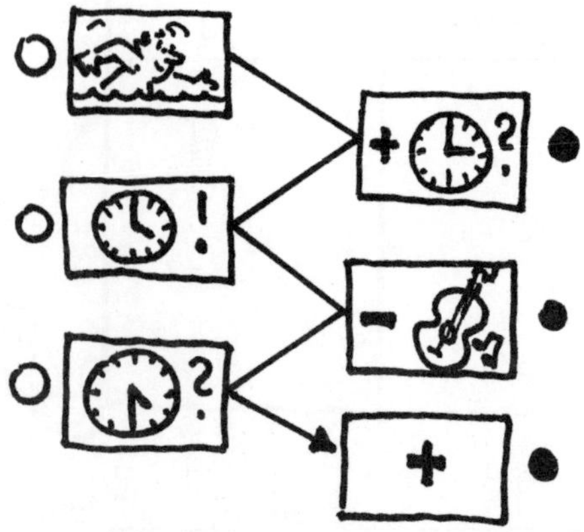

○ Wir gehen schwimmen. Kommst du mit?
● Wann geht ihr? Um 3 Uhr?
○ ______
● ______
○ ______
● ______

C

5 Markiere den Wortakzent.

Montag Dienstag Mittwoch Donnerstag Freitag Samstag

kombinieren buchstabieren korrigieren Dialog Konzert Fußball Katze Telefon

vorlesen

6 Wo ist die Betonung im Satz richtig markiert?

a ① – Wann gehen wir ins Kino?
– Am Samstag.

② – Wann gehen wir ins Kino?
– Am Samstag.

b ① – Kommst du am Donnerstag?
– Ja, um halb neun.

② – Kommst du am Donnerstag?
– Ja, um halb neun.

c ① – Kommst du am Sonntag?
– Nein, meine Schwester.

② – Kommst du am Sonntag?
– Nein, meine Schwester.

d ① – Gehen wir am Samstag schwimmen?
– Nein, am Sonntag.

② – Gehen wir am Samstag schwimmen?
– Nein, am Sonntag.

e ① – Komm doch um fünf!
– Geht es um halb sechs auch?
– O.k., halb sechs.

② – Komm doch um fünf!
– Geht es um halb sechs auch?
– O.k., halb sechs.

7 Höre genau zu und markiere den Satzakzent.

a ○ Gehst du heute Abend mit ins Kino?
● Nein, ich habe Klavierstunde.

b ○ Kommst du mit? Wir spielen Fußball.
● O.k., ich komme in zehn Minuten.

c ○ Gehst du morgen mit schwimmen?
● Wann geht ihr?
○ Um vier.
● Gut, ich gehe mit.

d ○ Was machst du heute Abend?
● Ich mache nichts!
○ Gehst du mit ins Kino?
● Ich weiß nicht. Wann geht ihr?
○ Um sechs.
● O.k., da gehe ich mit.

A

1 Schul-Wörter

Schul
- tasche
- l r
- b k
- b ei
- s n

Was ist in der Schultasche?

ein L

2 Welche Wörter gehören zusammen?

Lehrer-	-lehrerin
Physik-	-zimmer
	-stift
Sport-	-buch
Blei-	-halle
	-raum
Deutsch-	-unterricht
Stunden-	-plan

das Lehrerzimmer

3 Höre die Kassette. Zeichne den Weg zu den Räumen und schreibe die Räume in den Plan.

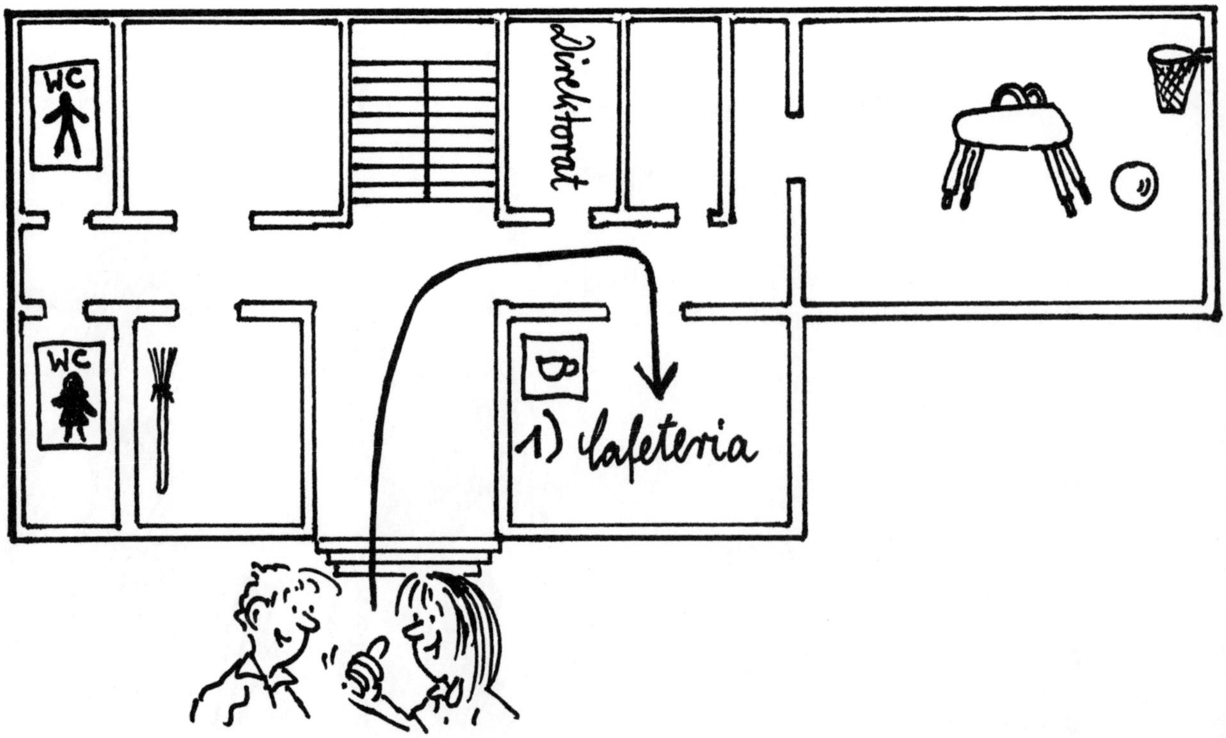

4 Lies den Text und zeichne dann ein Bild.

a Hier ist ein Haus.
Es ist in der „Hauptstraße".
Es hat die Nummer 4.
Vor dem Haus ist ein Auto.
Neben dem Haus steht ein Fahrrad.
Über dem Haus fliegt ein Vogel.

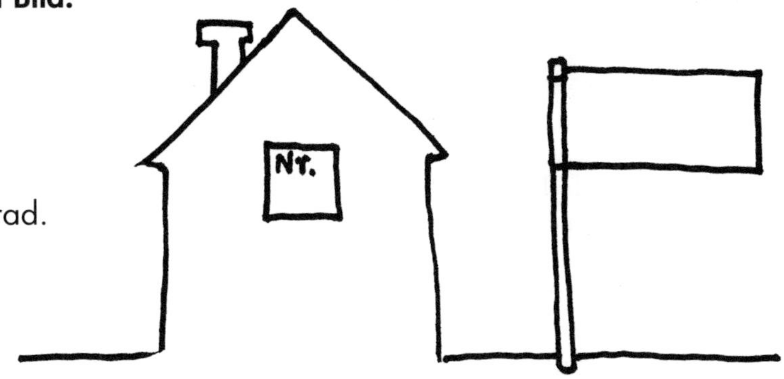

b Das ist Katja.
Sie hat eine Brille.
Sie hat ein Gebiß wie Dracula.
Sie sitzt auf einem Stuhl.
Unter dem Stuhl sitzt ihre Katze.
Links neben dem Stuhl sitzt ihr Hund.

5 Schreibe die Fragen.

a	Wo ist bitte das Sekretariat ?	Das Sekretariat? Hier durch den Eingang rein, dann rechts.
b	______________________ ?	Jetzt ist es genau 5 Minuten vor 12.
c	______________________ ?	Der Unterricht beginnt 10 Minuten nach 8.
d	______________________ ?	Meine Freundin heißt Katja.
e	______________________ ?	Das ist ein Papagei.
f	______________________ ?	Klavierunterricht habe ich von 2 bis 4.
g	______________________ ?	Das sind 5 Hunde.
h	______________________ ?	Dracula kommt aus Transsylvanien.

6 Ergänze die Wörter. Kontrolliere mit der Kassette.

Sherlock Holmes, Watson und P. C. Chip

Es ist Mitternacht. Sherlock Holmes schläft noch nicht!
Er ist in_______Stadt. Er sucht ________ Mann. ________ Mann heißt „P. C. Chip".
P. C. Chip mag Computer, Radios, Kassetten und Schreibmaschinen. Sherlock Holmes hat ________ Foto von P. C. Chip.
P. C. Chip hat ________ Brille und ________ Tasche. ________ Tasche ist sehr groß!
Jetzt sieht Sherlock Holmes P. C. Chip. Wohin geht P. C. Chip um Mitternacht? Er geht ________ Schule! In ________ Schule gibt es viele Computer. P. C. Chip ist ein Computerexperte. Und Sherlock Holmes geht mit – aber P. C. Chip weiß es nicht! Jetzt ist P. C. Chip vor ________ Schule, dann hinter ________ Schule. Er geht in ________ Schule, ganz langsam! Wo ist _______ Hausmeister?? Er schläft! Sherlock ist ________ Park, hinter der Schule. Er passt gut auf! Er hat ein Walkie-Talkie: Er spricht jetzt mit Watson, seinem Freund: „Hallo, Watson, hörst du mich?" – „Ja, wo bist du?" – „Ich bin ________ Park, hinter ________ Schule. P.C. Chip ist jetzt in ________ Schule. Jetzt ist er ________ Erdgeschoss, ________ Sekretariat." – „Und was macht er jetzt?" – „Jetzt geht er ________ Treppe hoch, ________ Physikraum." – „Und jetzt?" – „Jetzt kommt er wieder ________ Treppe runter." – „Hat er die Computer?" – „Ich weiß nicht. Jetzt ist er vor ________ Büro von Dr. Lindemann. Jetzt kommt er ________ Ausgang. Jetzt ist er ________ Park. Und jetzt habe ich ihn. –

A

1 Du hast Geburtstag. Du schreibst eine Einladung für deine Freundin/deinen Freund.

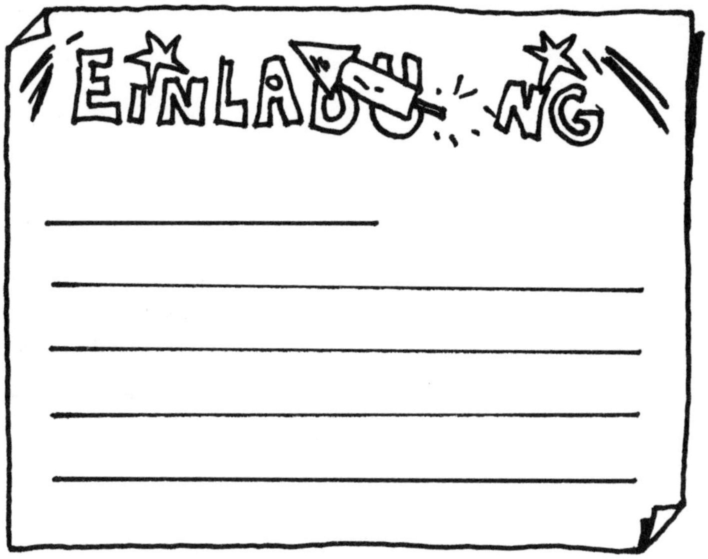

Liebe/r … .
Am … habe ich Geburtstag.
Ich lade dich zu meiner Party ein.
Die Party beginnt um … .
Hast du Zeit?
Dein/e …

2 Deine Freundin/dein Freund hat Geburtstag. Du schreibst ihr/ihm eine Geburtstagskarte.

B

3 **Lerntipp** **Die Monatsnamen als Reihe lernen.**

Frühling Sommer Herbst Winter

Januar Februar März April Mai Juni

Juli August September Oktober November Dezember

4 **Was machst du …**

… im Sommer?	… im Winter?
schwimme ich	*laufe ich Ski*

Tennis spielen
Ski laufen
Basketball spielen
Freunde besuchen
Ferien machen
im Garten helfen
reiten
Fußball spielen
schwimmen
lesen
schlafen
Rad fahren
Musik machen

5 **Jahreszeiten …**

… in Deutschland:

Winter { Dezember, Januar, Februar

Frühling { März, April, Mai

Sommer { Juni, Juli, August

Herbst { September, Oktober, November

… in deinem Land:

Winter: Dezember, Januar, Februar

Frühling: März, April, Mai

Sommer: Juni, Juli, August

Herbst: September, Oktober, November

6 So beginnen die Jahreszeiten in Deutschland. Höre die Kassette, schreibe das Datum auf.

Frühling: ____________ Sommer: ____________

Herbst: ____________ Winter: ____________

Wann beginnen die Jahreszeiten in deinem Land?

7 Höre die Kassette und notiere das Datum.

a ____________ **b** ____________ **c** ____________

d ____________ **e** ____________ **f** ____________

8 Ein System zusammenfassen: Die Zeit

Das **Jahr** hat 4 Jahrezeiten:

Frühling, Sommer, Herbst, Winter

und 12 Monate:

Januar, Februar, März, April,

Mai, Juni, Juli, August,

September, October, November, Dezember

Ein **Monat** hat 4 Wochen

und 30 oder 31 Tage.

Der Monat Februar hat 28 (oder 29) Tage.

Eine **Woche** hat 7 Tage:

Montag, Dienstag, Mittwork, Donnerstag

Freitag, Samstag, Sonntag.

Ein **Tag** hat 24 Stunden.

Tageszeiten: der Morgen, der Vormittag, der Mittag, der Nachmittag

der Abend, die Nacht.

Tag und Nacht.

Eine **Stunde** hat 60 Minuten.

Eine **Minute** hat 60 Sekunden.

14

A

1 Lies den Text und ergänze.

Udo Lindenberg:
Eine Rock-Legende

Die Karriere von Udo Lindenberg (*1946) beginnt schon im Jahre 1959. Am Anfang war er Schlagzeuger in verschiedenen Jazz- und Rockgruppen. 1969 spielt er dann bei der Hamburger Gruppe „City Preachers" und gründet 1973 seine berühmte Band „Das Panik-Orchester".

„Das Panik-Orchester" war zwar nicht die erste deutsche Rockband mit deutschen Texten, aber Lindenbergs Songs machten die deutsche Sprache in der Rockmusik populär.

Lindenberg spricht die Sprache seiner Generation. In den 70er- und 80er-Jahren hatte er großen Erfolg mit Titeln wie „Alles klar auf der Andrea Doria", „Sister King Kong" und „Panische Zeiten". Seine Platten und CDs sind Klassiker der deutschen Rock-Szene.

„Das Panik-Orchester" gibt es seit ein paar Jahren nicht mehr. Udo Lindenberg gibt auch nicht mehr so viele Konzerte wie früher, und er macht keine Tourneen. Aber er hat immer wieder Erfolg mit neuen Liedern.

UDO L

Karriere beginnt 1959

in: ____________

1969: ____________

1973: Das „____________"

Texte: ____________

70er-/80er-JAHRE

Viele CDs und ____________

____

HEUTE

____

viele Konzerte

keine ____________

Aber: ____________

mit neuen Liedern.

2 Was ist richtig? Was ist falsch?

	richtig	falsch
Udo Lindenberg spielt in seiner Band Gitarre.		X
Seine Karriere beginnt mit 13 Jahren.		
1969 war er Schlagzeuger bei der Gruppe „City Preachers".		
Seine Band war „Das Panik-Orchester".		
Er hatte großen Erfolg mit Texten in deutscher Sprache.		

3 Ergänze den Text.

Ein Rock-Star

Er heißt Udo ____________________. Er ____________ aus Hamburg. Er ist _______ Jahre alt. Er macht seit _________ Rock-_________. Seine Band war „Das ____________________". Er hatte großen Erfolg mit Liedern in ________________ Sprache. Er schreibt immer wieder neue __________.

4 Eine Pop-Sängerin.

NENA

Anfang der 80er-Jahre hatte sie mit ihren Liedern internationalen Erfolg, z. B. mit dem Song „99 Luftballons". 1984 und 1985 war sie in Japan auf Tournee. Dann war eine lange Pause – bis 1993. Dann hatte sie wieder einen Hit mit „bongo girl".

A Diese Übung ist nicht leicht. Ergänze die Sätze.

a Nena ist ______________________.

b Mit dem Song „99 Luftballons" hatte sie ______________________.

c Bis 1993 war ______________________.

d Ihr neuer Titel ______________________.

B Diese Übung ist leicht. Was ist richtig?	**richtig**
a Nena spielt Schlagzeug und Gitarre.	❒
b Ihr Song „99 Luftballons" war ein großer Erfolg.	❒
c 1980–1990 war sie viel auf Tournee.	❒
d „bongo girl" – so heißt der neue Titel.	❒

B

5 **„War“ oder „hatte“? Ergänze die Sätze.**

a Udo Lindenberg _________ Schlagzeuger.

b Er _________ großen Erfolg mit „Sister King Kong“

c Nena _________ mit ihrem Lied „99 Luftballons“ Erfolg.

d Das _________ in den 80er-Jahren.

e 1984 und 1985 _________ Nena in Japan.

f Udo _________ zuerst bei der Gruppe „City Preachers“, dann _________ er seine eigene Band, „Das Panik-Orchester“.

6 **Rock-Stars auf Tournee.**

Rock Legends on Tour

NENA
5.3. Braunschweig, 6.3. Beverungen,
8.3. Offenbach, 10.3. Saarbrücken,
11.3. Nürnberg, 12.3. Lichtenfels,
13.3. München, 14.3. Augsburg,
16.3. Köln, 17.3. Borken, 18.3. Berlin,
20.3. Chemnitz, 21.3. Stuttgart,
22.3. Halle, 24.3. Hamburg,
25.3. Hannover, 26.3. Hagen,
28.3. Mannheim

PAUL SIMON
20.6. München, 27.6. Berlin,
29.6. Hamburg, 3.7. Stuttgart,
4.7. Dortmund

URIA HEEP
13.4. Zürich, 14.4. Salzburg, 16.4. Linz,
17.4. Graz, 18.4. Wien,
23.4. München, 25.4. Erfurt, 29.4. Köln,
3.5. Berlin

STING
1.5. Berlin, 2.5. Kiel, 4.5. Dortmund,
13.5. München, 15.5. Stuttgart,
17.5. Frankfurt/Main

Beantworte die folgenden Fragen.

a An welchen Tagen macht NENA eine Pause?

____

b Wann ist PAUL SIMON in Dortmund?

____

c An welchen Tagen ist URIA HEEP
in der Schweiz? _________
in Österreich? _________
in Deutschland? _________

d Wann ist wer in Berlin?
PAUL SIMON: _________
URIA HEEP: _________
STING: _________

7 **Nena und Udo. Höre die Kassette.**

Aufgaben zur Wiederholung der Einheiten 9–14

1 Was sagst du? Was fragst du?

1 John ist neu in deiner Klasse. Die Schüler fragen:

a Name? ______________________________

b Adresse/Straße? ______________________________

c Hobbys? ______________________________

d Haustier? ______________________________

e Lieblingsfach? ______________________________

f Musikinstrument? ______________________________

g Sport? ______________________________

2 Hier sind die Antworten zu den Fragen in 1. Ordne sie zu.

① Ja, ich habe eine Katze.
② Ich spiele Klavier.
③ Ich heiße John Herkless.
④ Ich schwimme gerne.
⑤ Ich wohne jetzt in der Goethestraße 14.
⑥ Ich mag Sport.
⑦ Ich höre gerne Rockmusik.

1	2	3	4	5	6	7
d						

3 Dialoge schreiben.

Wann hast du Mathe? ______________________________ (Montag/ 9:45–10:30)

Dienstag auch? ______________________________ (–)

Und am Mittwoch? ______________________________ (8:55–9:40)

Magst du Mathe? ______________________________ (–)

______________________________ (+)

Hast du ein Lieblingsfach? ______________________________ (+)

4 Einen Dialog ordnen.

Am Donnerstagnachmittag. ______________________

Das geht nicht, da habe ich Gitarrenunterricht. ______________________

____

Gehst du mit in den Zoo? Die Elefanten haben ein Baby. ______________________

Geht es am Sonntagvormittag? ______________________

Ja gut, um 10. ______________________

Ja, Sonntagvormittag ist o.k. ______________________

Um 10 Uhr am Eingang? ______________________

Wann? ______________________

5 Was sagen die Tiere?

2 Wörter

6 Ordne die Wörter in die Tabelle ein.

Cousine · ~~Uhr~~ · Großmutter · ~~Stunde~~ · Onkel · ~~Monat~~ · Herbst · Tante · Sekunde · Tag · Morgen · Sohn · ~~Mai~~ · Minute · Großvater · Februar · ~~Vater~~ · Cousin · Mittag · ~~Mutter~~ · Oma · Bruder · Opa · Schwester · Frühling · Abend · Mitternacht · Pause · ~~Tochter~~

♂ Familie	♀	 Zeit	
Vater	Mutter	Uhr	Monat
Onkel	Tochter	Stunde	Mai
Sohn	Cousine	Mittag	Tag
Großvater	Großmutter	Mitternacht	Herbst
Cousin	Tante	Pause	Frühling
Opa	Oma	Sekunde	Februar
Bruder	Schwester	Minute	[illegible]
		Morgen	

7 Grammatik – Sprache: Wörter grammatisch ordnen.

das · ~~Antwort~~ · aufhören · die · er · Fahrrad · schreiben · der · unser · sie · mein · schlafen · ein · Wort · kein · Familie · sein · gehen · ihr · Japan

Nomen	Verben	Pronomen	Artikel
Antwort	aufhören	er	das
Fahrrad	schlafen	sie	die
Wort	schreiben	ihr	der
Familie	gehen	sein	ein
Japan	[illegible]	unser	kein
		mein	[illegible]

8 Was passt zusammen?

links und	rechts	______	und heute
intelligent und	dumm	Richtig	und falsch
oben und	unter	Bruder	und Schwester
groß und	klein	Morgen	und Nacht
mein und	dein	Herr	und Frau

9 Thema Musik: Suche hier 11 Wörter und schreibe sie auf.

K	A	F	T	A	N	G	U	M	M
H	I	R	N	E	T	A	L	U	F
F	A	N	P	H	O	R	N	S	G
A	S	T	L	E	U	K	B	I	I
N	L	O	R	N	R	O	C	K	T
S	I	N	G	E	N	N	R	E	A
L	I	E	D	B	E	Z	I	R	R
C	D	L	T	U	E	E	L	U	R
R	O	M	K	S	I	R	O	B	E
F	L	U	P	L	A	T	T	E	Q

CD

10 Ergänze die Sätze.

Wie viel Uhr ist es? — Zeit / Uhr / Stunde / Minute

Wo ist die Deutschbuch? — die / mein / sie / uns

Der Physikraum liegt neben der Cafeteria. — Turnhose / Cafeteria / Direktor

Unser Biolehrer hat einen Katze. — Pferd / Esel / Katze / Kaninchen

11 Was machen die Leute?

schwimmen

Pferdfahren

Laufen

Fahrradfahren

tanzen

12 Tageszeiten

der Mittag

der Abend

der Morgen

der Mittag

die Nacht

der Morgen

13 Schreibe die Zahlen.

a Die Tournee beginnt am 21. 3. (einund_______________ Drit __________)

b Das Jahr beginnt am 1. 1. (_______________ _______________)

c Die Ferien hören am 29. 8. auf (_______________________ __________)

d Weihnachten ist am 24. 12. (______________________ _______________)

14 Wörter verbinden. Die Sätze unten helfen.

Meister Aufgabe Auto Nummer Artikel Atlas Tier Bus Cousin

a Unser _______________ heißt Müller.

b Meine _______________ ist 64.

c _______________ mag ich nicht.

d John hat auch ein _______________.

3 Intonation

15 Lang oder kurz: Höre zu und kreuze an.

	lang	kurz
Fach		X
fahren		
falsch		
Fehler		
Fisch		

	lang	kurz
finden		
Frage		
Füller		
fünf		
Fuß		

16 Wortakzent: Markiere die betonte Silbe.

aussprechen Automat August Antwort April Adresse
Abend Artikel Akzent Affe Alphabet anders
Amadeus Zeichnung Zitrone zusammenfassen

17 Höre zu und markiere die Fragen.

a	...Zeit	?	**c**	...Oma		**e**	...Papier		**g**	...Diktat	
b	...Füller		**d**	...Satz		**f**	...Hund		**h**	...7c	

4 Rechtschreibung

18 20 schwere Wörter.

Sieh dir die Wörter 3 Minuten an und mache mit Aufgabe 23 weiter.

Adresse · Ansichtskarte · aufpassen · chinesisch · buchstabieren · diskutieren · fair · Fahrrad · Frühling · Verabredung · wiederholen · Theater · studieren · Straßenbahn · Begrüßung · Herbstferien · zusammengehören · Glückwunsch · Ergänzung · Grammatik

5 Grammatik

19 Fülle die Tabelle aus und ergänze die Possessivpronomen im Text.

ich	mein
du	______
er/es	______
sie	______
wir	______
ihr	______
sie	______

M_________ Hund heißt Waldi. Er ist drei Jahre alt. M_________ Schwester hat eine Katze. I_________ Freundin hat zwei Kaninchen. I_________ Namen sind Cäsar und Kleopatra. U_________ Mathelehrer hat einen Esel. S_________ Name ist Murro. Er kommt aus Spanien. Und du? Hat d_________ Mathelehrer auch ein Haustier?

20 Verben in zwei Teilen. Ergänze die Sätze.

vor · an · auf · mit · zu

schauen · lesen · hören · kommen · stehen

a _________ euch das Bild an.

b Peter _________ morgens um 8 Uhr auf.

c _________ du am Sonntag mit ins Kino?

d Martina, _________ bitte den Text vor.

e Ich lese jetzt einen Text vor. _________ bitte zu.

21 Wie heißen die Nomen? Ergänze auch den Lerntipp.

üben	die Übung	betonen	______________
wiederholen	______________	zeichnen	______________
verabreden	______________	begrüßen	______________

Lerntipp Nomen mit „-ung", Artikel immer „______"

6 Lesen

22 Drei Briefe.

a Was gehört zusammen?

① Liebe Nilgün,
gestern war ich im Metallica-Konzert. Die Band war wirklich super, besonders Marco. Er spielt ganz toll Gitarre.

② Hallo Sandra,
am Wochenende war ich im Zirkus. Das Programm war spitze! Elefanten, Tiger und Artisten. Aber die Clowns waren ein bisschen langweilig.

③ Lieber Udo,
die Sommerferien waren wirklich toll. Wir waren am Bodensee. Wir hatten zwei Wochen Sonne! Wir hatten Fahrräder und waren in Österreich und in der Schweiz.

④ Um 6 war das Programm vorbei. Dann waren wir noch einen Hamburger essen.
Tschüs
dein Jochen

⑤ Der Campingplatz war sehr komfortabel. Jetzt beginnt die Schule wieder. Das ist blöd.
Viele Grüße
dein Ralf

⑥ Sie machen jetzt eine Tournee. Nächstes Wochenende sind sie bei euch in Zürich. Gehst du hin?
Alles Gute und liebe Grüße
deine Renja

1 + ___   2 + ___   3 + ___

b Ordne die Briefe den Fotos zu.

Ⓐ ◯

Ⓑ ◯

Ⓒ ◯

23 Ergänze die Wörter aus 18.

Adre_____	Ansi_____karte	aufp_____en
chine_____ch	buc_____eren	dis_____ren
fai_____	Fah_____ad	Früh_____g
Verab_____g	wie_____olen	Thea_____
stud_____n	Straße_____ahn	Begr_____ung
Herb_____erien	zusam_____hören	Glück_____sch
Erg_____zung	Gr_____tik	

17

A

1 Schaue nicht ins Kursbuch und kreuze an: Was ist auf dem Partytisch auf Seite 78?

(1) Mineralwasser ☐	(7) Katze ☐	(13) Bier ☐	(19) Salat ☐
(2) Atlas ☐	(8) Banane ☐	(14) Elefant ☐	(20) Pizza ☐
(3) Affe ☐	(9) Füller ☐	(15) Pommes frites ☐	(21) Ei ☐
(4) Cola ☐	(10) Schokolade ☐	(16) Würstchen ☐	(22) Käse ☐
(5) Buch ☐	(11) Apfelsaft ☐	(17) Giraffe ☐	(23) Fisch ☐
(6) Kuli ☐	(12) Bleistift ☐	(18) Radiergummi ☐	(24) Limonade ☐

Ordne die anderen Wörter in drei Gruppen.

B

2 Sechs Wörter passen zu Party. Welche?

Spiel · Einladung · Schule · Problem · tanzen · Musik · Lehrerin · trinken · Wörterbuch · essen · Hausmeister · Kaninchen

3 Welche Wörter passen zusammen?

Gitarre · Comic · Fotos · Kuchen · Videos · Cola · Lied · Moped · Spaß · Freunde · Party	ansehen · essen · trinken · singen · machen · schreiben · lernen · spielen · lesen · haben · treffen · vorlesen

Musik + hören, machen
Fotos +

4 Einladungsbrief

Iris macht eine Geburtstagsparty. Sie schreibt eine Einladung an ihre Freundin Sabrina. Schreibe den Brief. Es gibt mehrere Möglichkeiten.

Liebe Sabrina,
nächsten Samstag feiere ich meinen Geburtstag.

1 Tschüs, deine Iris.
2 Dazu lade ich dich herzlich ein.
3 Bitte antworte bald.
4 Um 11 Uhr hören wir auf.
5 Klaus, Dieter, Marco, Claudia, Sabrine und Stefanie kommen auch.
6 Zuerst machen wir Spiele.
7 Die Party beginnt um sechs Uhr.
8 Dann tanzen wir.

5 Was verstehst du?

Du bist auf einer Party in Deutschland. Die Leute reden. Die Musik ist sehr laut. Was verstehst du? Über welche Themen reden die Leute?

Diese Wörter verstehe ich:

① ______________________

____

____

② ______________________

____

____

Thema:

Thema:

6 Geburtstagspartys in Deutschland – Ergänze den Text.

Viele Ju gend______ feiern P arty______ mit Freunden und Freund______ innen aus der Kla sse______. Die P arty______ beginnen meistens schon am Nach______mittag, um 15 Uhr______. Es gibt Kuchen und C ola______. Am liebsten essen alle Würst chen______ oder H amburger______ mit Pommes frites. Die Jungen______ und Mädchen spielen Fuß ball______, Karten oder sehen V ersehen______. Am______ 20 oder 21 Uhr gehen______ alle nach Hause______.

7 Schreibe eine Einladungskarte zu deinem Geburtstag.

Du feierst Geburtstag.
Du feierst zu Hause.
Du feierst am Montag.
Du feierst von 16–19 Uhr.

D

GR **8 Komparative – Superlative. Fülle die Tabelle aus.**

a	ä	ä
stark	stärker	am stärksten
lang	länger	am längsten
alt	älter	am ältesten
o	**ö**	**ö**
groß	größer	am größten
hoch	höher	am höhsten
u	**ü**	**ü**
dumm	dümmer	am dümmsten
jung	jünger	am jüngsten

viel

mehr
am meisten

gut

besser
am besten

gern

lieber
am liebsten

9 Vergleiche – Suche die Informationen aus dem Kursbuch.

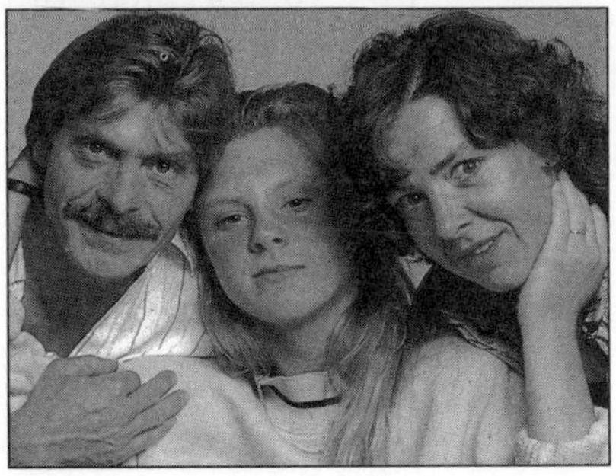

Kiki	
Amadeus	… ist größer/älter … als …
Wencke	… hat mehr … als …
Fredo	… mag … nicht so gern wie …
Klaus	… mag … lieber als …
Anja	… ist nicht so groß/alt wie …
Heike	

B

1 Ergänze die Sätze.

eine Party · mein Deutschbuch · von Amadeus · heute wieder ganz viel · den ganzen Nachmittag · drei Stunden · mit seinem Hund · noch keine Wörter · die Schule

a Ich habe ____________________ gelernt.

b Die Party hat ____________________ gedauert.

c Daniel hat ____________________ gespielt.

d Letzte Nacht habe ich ____________________ geträumt.

e Um 13 Uhr hat ____________________ aufgehört.

f Zwei Stunden habe ich ____________________ gesucht.

g Für den Mathetest habe ich ____________________ geübt.

h Letzten Samstag hat Christine ____________________ gemacht.

i Unsere Lehrerin hat ____________________ geredet.

2 Ergänze die Sätze und kontrolliere mit der Kassette.

aufpassen · wiederholen · produzieren · zuhören · buchstabieren · träumen · machen · wiederholen · korrigieren · lernen · fragen · sagen

a Gestern haben wir im Deutschunterricht Wörter wieder ____________ t.

b Klaus hat nicht auf ____________ t und viele Fehler pro ____________ t.

c Die Lehrerin hat das Wort „LEXIKON" b ____________ t: L E X I K O N.

d Klaus hat gerade von Kiki ge ____________ t und deshalb nicht zu ____________ t.

e Er hat aus dem Wort „Lexikon" ein neues Wort ge ____________ t: „Lesicon".

f Die Lehrerin hat ihn k ____________ t: „Lexikon". Klaus hat das Wort w____________t:

g L E X I K O N. „Richtig", hat die Lehrerin g____________, „jetzt hast du schon wieder ein Wort richtig g ____________ t!"

h Nach fünf Minuten hat die Lehrerin Klaus ge ____________ t: „Wie heißt das neue Wort?" – „Wörterbuch", war die Antwort von Klaus!

3 Hier ist eine Liste mit Partizip-II-Formen. Schreibe dazu das Verb im Infinitiv und ergänze den Beispielsatz.

angeschaut	anschauen	Heute habe ich einen Film angeschaut.
gearbeitet		Gestern ________ ich 3 Stunden im Garten ________.
aufgepasst		Du ________ im Unterricht nicht ________, oder?
besucht		Am Sonntag ________ wir den Zoo ________.
diskutiert		______ ihr schon einmal in der Schule über Politik ________?
gehabt		Wie lange ________ ihr Sommerferien ________?
gehört		________ du schon die neue CD von „Chico" ________?

korrigiert	korrigieren	DIKTAT? ... Hast du schon das Diktat korrigiert?
gelebt		DRACULA/TRANSSYLVANIEN ...
gelernt		DIE NEUEN WÖRTER? ...
gemacht		HAUSAUFGABEN? ...
geordnet		WÖRTER/NACH DEM ALPHABET? ...
geredet		AUF DER PARTY/NICHT GETANZT, NUR ...

geträumt		Ich habe
geübt		
vorgespielt		
wiederholt		
zugehört		
zugeordnet		

4 Fragen im Perfekt. Was passt zusammen?

die Lücken im Text	korrigieren
das Diktat	machen
die Hausaufgaben	markieren
die Endungen	ordnen
die Sätze	üben
das Lied	vorspielen
die Wörter	kombinieren
die Kassette	hören
die Grammatik	ergänzen

Hast du die Lücken im Text ergänzt?

5 Sätze bauen. Hier sind 25 Wörter. Das sind vier Sätze. Schreibe sie in dein Heft.

Party · hat · haben · auch · gemacht · am · Freitag · Sie · und · Musik · Sie · gekocht · gehört · Stunden · eine · zusammen · haben · Spaghetti · Die · gedauert · haben · Sie · getanzt · vier · Schüler

6 Sherlock Holmes macht ein Interview mit P. C. Chip. Höre das Interview und ergänze den Text.

gespielt · war · war · gegangen · gegangen · mitgenommen · gelernt · gezeigt · gegessen · getrunken · geschrieben · gemacht · diskutiert · repariert

- ● Was haben Sie in der Schule gemacht, Herr Chip?
- ○ Ich habe meinen Freund Rolf Meister besucht, er ist Hausmeister. Zuerst haben wir Tischtennis ______________, dann haben wir Abendessen ______________. Wir haben Spaghetti mit Ketchup ______________ und Cola ______________. Dann sind wir durch die Schule ______________. Rolf hat mir die PCs ______________. Wir haben über Computerprogramme ______________. Das _______ sehr interessant. Ich habe viel ______________ und viel in mein Heft ______________. Ein PC _______ kaputt. Ich bin nach Hause ______________ und habe den PC ______________. Zu Hause habe ich den PC ______________. Jetzt ist er wieder o.k. Hier ist er. Kein Problem, oder?

B

1 Nadine fragt nach dem Weg. Höre das Gespräch zwischen Nadine und der Frau. Kreuze an.

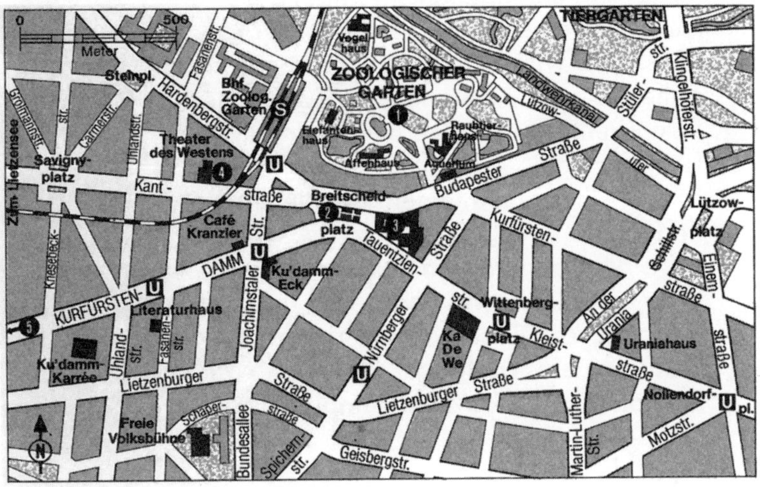

a Wohin will Nadine?

Zum „Bahnhof Zoo" ☐
Zum Bahnhof ☐
Zum „Hotel am Zoo" ☐

b Sie kommt zur Kantstraße. Wohin muss sie gehen?

rechts ☐
links ☐

2 Im Kursbuch Seite 88 findest du den Stadtplan von Eisenach. Du bist am Informationsbüro in der Bahnhofstraße.

a Eine Frau fragt dich: „Wie komme ich zum Lutherhaus?"
b Ein junger Mann fragt: „Wie komme ich zum Bachhaus?"

Ordne die Wegbeschreibungen.

a „Wie komme ich zum Lutherhaus?"

Geradeaus sehen Sie das Lutherhaus. Gehen Sie dann über den Markt und dann nach links. Dann durch das Nikolaitor und an der Nikolaikirche vorbei. Gehen Sie hier die Bahnhofstraße entlang. Dann die Alexanderstraße entlang bis zum Markt.

b „Wie komme ich zum Bachhaus?"

Dann sehen Sie das Bachhaus auf der linken Seite. Also zuerst die Bahnhofstraße entlang. Links ist der Stadtpark. Dann geradeaus. Vor dem Nikolaitor nach links. Gehen Sie über den Frauenplan und dann geradeaus. Dann rechts in die Grimmelgasse bis zum Frauenplan. Dann die Wartburgallee entlang.

3 In der Stadt – Satzintonation. Höre gut zu. Markiere die betonten Wörter.

a Wie komme ich zur Wittenbergstraße?
b Wo ist denn hier der Bahnhof?
c Entschuldigung, ich suche die Goethestraße.
d ○ Können Sie mir sagen, wo das Rathaus ist?
● Hier immer geradeaus. Zweite Straße rechts.
e Tut mir Leid, das weiß ich auch nicht.
f Immer geradeaus bis zur Ampel, dann links, dann die erste Straße rechts.

4 Mirko, Bernd und Lumpi gehen in Düsseldorf spazieren.

Am Burgplatz machen sie eine Pause. Mirko hat eine Idee. Er sagt zu Bernd: „Pass auf, wir machen jetzt ein Spiel. Ich gehe los, und ihr wartet hier 10 Minuten. Dann geht ihr auch los und sucht mich. Lumpi hat eine sehr gute Nase, was Lumpi!? Ihr könnt meinen Weg leicht finden."

Höre die Kassette und zeichne den Weg von Mirko und von Bernd und Lumpi durch Düsseldorf auf dem Stadtplan ein. Du fängst am Burgplatz an. Was sieht Lumpi?

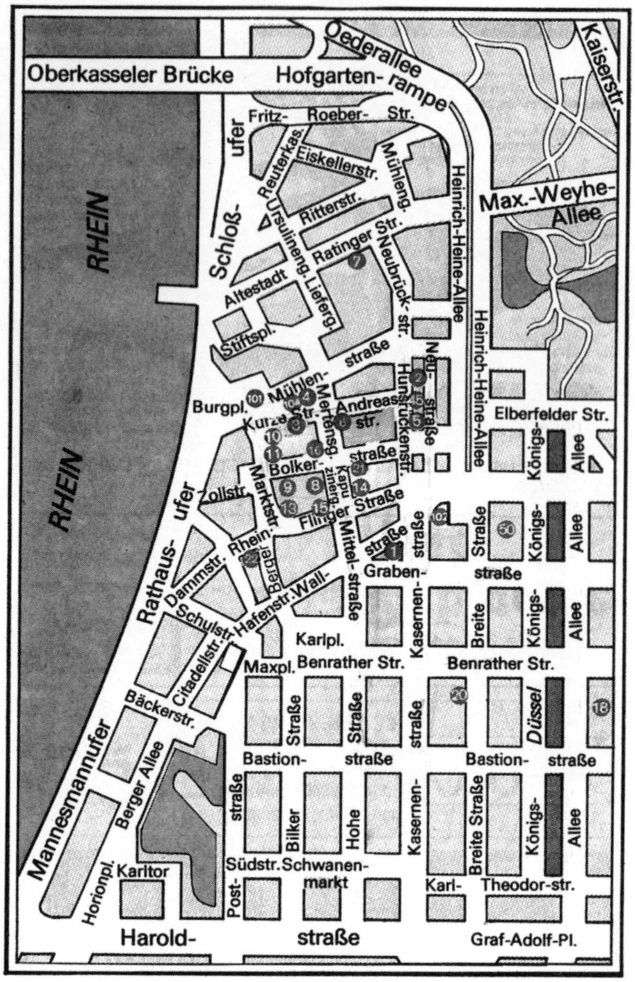

5 Der ...platz, die ...straße, das ...tor, die ...allee, das ...ufer: Schreibe Beispiele aus dem Stadtplan auf.

Der	... platz (pl.):	____________
Die	... straße (str.):	____________
Das	... tor:	____________
Die	... allee:	____________
Das	... ufer:	____________

6 Ich suche den Burgplatz. Höre die Kassette. Schreibe die Namen der Straßen, Plätze ... auf und suche den Weg auf dem Stadtplan.

Horionplatz

____

____

7 Klassenfahrt nach Eisenach

SHAWNEE MISSION SOUTH HIGH SCHOOL
Shawnee Mission Public Schools
5800 W. 107th St
Shawnee Mission, Kansas 66207
Telephone 913-967-7700

Educating for Life

Sehr geehrte Damen und Herren:

wir sind die Klasse 9 an der Shawnee Mission South High School in Kansas in den USA. Im Februar machen wir eine Klassenexkursion nach Deutschland. Wir planen auch einen Tag in Eisenach. Geben Sie uns bitte ein paar Tipps. Wir wissen nicht viel über Eisenach.

Eisenach Information

Liebe Schüler der Klasse 9!

Vielen Dank für euren Brief. Wir finden: Eine Exkursion nach Eisenach ist eine gute Idee. Eisenach liegt in der Mitte von Deutschland. Die Stadt ist über 800 Jahre alt und sehr schön. Wir haben viele schöne interessante Häuser im Zentrum. Kennt Ihr Johann Sebastian Bach? Er war ein Musiker und Komponist im 17. Jahrhundert. Er hat in Eisenach gelebt und gearbeitet. Das Haus von Familie Bach ist jetzt ein Museum für interessante Musikinstrumente. Auch Martin Luther hat hier gelebt. Er hat hier 3 Jahre die Schule besucht. Er hat die Bibel ins Deutsche übersetzt. Nach Eisenach kommen viele Touristen. Alle besuchen die Wartburg. Die Burg ist so alt wie die Stadt und eine internationale Touristenattraktion. Aber Eisenach ist nicht nur historisch interessant. Die Autoindustrie von Eisenach hat eine lange Tradition. Die „Wartburg"-Autos stehen im Automobilmuseum. Heute produzieren hier BMW und OPEL.
In der Stadt gibt es zwei Jugendherbergen und ein Jugendzentrum. Wir organisieren auch Exkursionen speziell für Jugendgruppen.
Also, kommt nach Eisenach!

Sammle im Text Informationen zu den Fotos.

A

1 Kein Glück gehabt!

Lies den Text und schreibe die richtigen Verben aus dem Kasten in die Lücken. Höre dann die Kassette und kontrolliere.

zurückgehen anziehen sehen essen warten sehen kaufen sein weitergehen trinken sagen

Am Montag waren Karen und Silke auf dem Stadtfest. Es war sehr kalt, und sie haben zuerst einen Tee getrunken. Dann hatten sie richtig Hunger. Sie haben zwei Hamburger __________________. Aber die Hamburger waren schon kalt. Dann haben sie einen Stand mit T-Shirts __________________. „Toll, die neuen Kevin-Costner-T-Shirts!" Aber nicht billig! 35 Mark! Na, ja, sie haben die T-Shirts __________________. „Sie sind ein bisschen groß", hat Karen __________________. „Kein Problem! Die T-Shirts sind ganz neu. Die müssen wir haben!". Sie haben die T-Shirts __________________. Karen und Silke haben viele interessante Jungen __________________. Aber alle sind __________________. Heute war nicht ihr Tag. Sie sind zum Bus __________________. Sie haben 50 Minuten auf den Bus __________________. Im Bus waren Heike und Monika. Oh nein! Sie haben auch Kevin-Costner-T-Shirts gehabt. 10 Mark pro T-Shirt. So ein Mist! Heute __________________ nicht ihr Tag.

B

2 Infinitiv oder Partizip II?

Höre die Kassette und schreibe die Wörter in die richtige Liste.

Infinitiv	Partizip II

3 Perfekt mit *sein* oder mit *haben?*

Kreuze zuerst an, höre dann die Kassette und kontrolliere deine Lösung.

	sein	haben
gehen		
kaufen		
kommen		
fragen		
sagen		
essen		
laufen		

4 Die Klassenfahrt – Sieh dir die Bilder an und ordne dann die Geschichte.

①

②

③

④

⑤

⑥

○ Jedes Jahr macht die Klasse 8 a eine Klassenfahrt. Im letzten Jahr war die Klasse mit ihrer Lehrerin, Frau Seifert, in Eisenach. Sie haben die Wartburg besucht.

○ Der Herbergsvater hat sie begrüßt und ihnen die Jugendherberge und ihre Zimmer gezeigt. Schon bald hat es Mittagessen gegeben: Würstchen mit Pommes frites. Und für jeden Schüler eine Cola!

○ In diesem Jahr wollen die Schüler nicht in eine Stadt fahren. Sie haben lange diskutiert. Herr Knapp, der Klassenlehrer, hat eine Idee: „Es gibt eine Jugendherberge im Wald, nicht weit von hier. Sie heißt: Naturfreundehaus am Steinberg." Eine gute Idee! Und nur eine halbe Stunde mit dem Bus.

○ Beim Abendessen hat Herr Knapp gesagt: „Heute um 11 Uhr machen wir noch eine Wanderung durch den Wald! Vielleicht sehen wir um Mitternacht Dracula!"
Sie sind dann um 11 Uhr in den Wald gegangen. Es war ganz dunkel, uhuhuu! Sie waren ganz still, es war phantastisch! Aber Dracula haben sie nicht gesehen. Lange nach Mitternacht waren sie endlich im Bett.

○ Am Freitagmorgen haben sie sich vor der Schule getroffen. Um 10 Uhr ist dann der Bus gekommen. Er hat sie zum Naturfreundehaus am Steinberg gebracht.

○ Am Nachmittag haben sie nicht viel gemacht. Sie haben Tischtennis und Fußball gespielt.

5 Amadeus hat eine große Reise gemacht.

Amadeus war in der Schweiz, in Österreich, und er ist durch ganz Deutschland gefahren. Jetzt ist er wieder zu Hause.

Kiki fragt:

Wo bist du gewesen?
Was hast du gesehen?
Was hast du gemacht?
Was war am interessantesten?
Was war am schönsten?
Hast du mir etwas mitgebracht?

Amadeus antwortet:

Ich war in München, in ...

Schreibe die Antworten von Amadeus in dein Heft.
Es gibt verschiedene Möglichkeiten.

A

Bevor du die Übungen auf dieser Seite machst, sieh dir noch einmal die Grammatiktabellen auf Seite106 an.

1 Was darf man, was muss man, was kann man in der Schule – was nicht?

Man darf	aufpassen.
Man muss	in die Bibliothek gehen und lesen.
Man darf nicht	keinen Elefanten mitbringen.
Man muss	den Lehrer fragen.
Man kann	im Deutschunterricht keinen Krimi lesen.
Man darf	die Schulsachen mitbringen.
Man kann	zu spät kommen.

2 Darfst du laute Musik hören? Höre die Kassette und kreuze an.

	Ja	Nein
Muss Daniel um 9 Uhr ins Bett gehen?		
Darf er am Wochenende bis 12 Uhr aufbleiben?		
Der Vater liest – darf Naki dann Musik laut spielen?		
Daniels Mutter ist Lehrerin. Sie korrigiert Hefte – muss Daniel dann die Musik in seinem Zimmer leiser stellen?		

B

3 Was sagen die Verkehrszeichen?

a müssen

vorsichtig sein

Hier muss man vorsichtig sein.

nach rechts fahren

Du

b nicht dürfen

nicht halten

Ich

nicht schneller als 60 fahren

Hier

c dürfen

parken

Man

über die Straße gehen

Wir

d können

4 Modalverben sammeln und ordnen.

Herr Direktor, dürfen wir heute nach der Pause nach Hause gehen?
Könnt ihr 10 Wörter ohne Fehler schreiben?
Kannst du mir bitte helfen? Ich verstehe die Aufgabe nicht.
Was ist los? – Wir können nicht ins Haus. Die Tür ist zu!
Wir müssen für Englisch 50 neue Wörter lernen.
Dürft ihr heute mit ins Kino gehen? – Nein, das geht nicht.
Herr Lehrer, darf ich Sie mal etwas fragen?
Müssen in Deutschland die Kinder eine Schuluniform tragen?
Wie lange musst du noch zur Schule gehen?
Mein Papagei kann schon sehr gut Englisch, aber er muss noch Deutsch lernen.
Daniel und Naki dürfen am Samstag bis 11 Uhr aufbleiben. Am Sonntag können sie dafür lange schlafen.
Ich habe Hunger, ich muss unbedingt einen Hamburger essen.
Wencke darf mit zur Party gehen.
Darfst du schon Moped fahren? – Nein, ich bin noch nicht alt genug.
Sprich bitte etwas lauter. Ich kann dich nicht verstehen!
Müsst ihr im Unterricht immer reden?

	müssen	können	dürfen
ich			
du			
er/sie/es			
wir			
ihr			
sie			

5 Schreibe die Sätze richtig in die „Schraubzwinge" ein.

a Modalverben:

Kannst du	mir einen Bleistift	geben?

Kannst du im Atlas Deutschland finden? Ich muss jeden Tag 3 Stunden Hausaufgaben machen. Möchtest du zu meiner Geburtstagsparty kommen? Darf man einen Hund in die Schule mitbringen?

b Perfekt:

Hast du	schon einmal Dracula	gesehen?

Ich bin gestern 3 Kilometer gelaufen. Seid ihr gestern Abend ins Kino gegangen? Bist du schon einmal in Berlin gewesen? Hast du dein Fahrrad schon repariert?

c Imperativ:

Hör	mir bitte eine Minute	zu!

Ruf mich doch heute Abend mal an! Passt jetzt bitte ganz genau auf! Zieh doch das neue T-Shirt an! Schlage die Wörter im Wörterbuch nach!

d Trennbare Verben:

Wencke steht	jeden Tag um 7 Uhr	auf.

Schaust du den Film auch an? Wir passen gut zusammen. Spielst du mir das Lied noch einmal vor? Spreche ich das Wort richtig aus?

B

1 Eine prima Suppe. Wie hast du die gemacht? – Lies den Text und schreibe das Rezept ins Heft.

Miriam hat ihren Freund Peter zum Abendessen eingeladen. Sie hat Kartoffelsuppe gekocht. Peter probiert die Suppe, dann isst er vier Teller Suppe! „Das schmeckt ja ganz phantastisch!", sagt er. „Wie hast du das gemacht?"

„Das ist nicht schwer", sagt Miriam. „Zuerst habe ich ein Pfund Kartoffeln und drei Möhren geschält und gewaschen und in kleine Stücke geschnitten. Dann habe ich 100 Gramm Speck und zwei Zwiebeln klein geschnitten und in einem großen Topf angebraten. Dazu habe ich etwas Butter genommen.

Dann habe ich einen Liter Wasser dazugegeben und zum Kochen gebracht, dann die Kartoffeln und die Möhren dazugegeben und dazu ein bisschen Salz und Pfeffer. Das hat dann ungefähr eine halbe Stunde gekocht. Zum Schluss habe ich noch zwei Löffel saure Sahne dazugetan. Fertig!"

Was braucht man	Wie macht man das?
500 Gramm Kartoffeln	Zuerst die Kartoffeln und die Möhren schälen und waschen. Dann ... Danach ... Dann ... Zum Schluss ...

C

2 Ein Interview mit vier Schülern.

a Express-Strategie beim Hören:

Was ist das Thema in diesen Interviews? Kreuze an:

① Schule ② Essen ③ Freizeit ④ Einkaufen

b Schnüffel-Strategie beim Hören:

Was ist richtig? Kreuze an.

① ☐ Peter mag Brezeln mit Butter.
② ☐ Jens frühstückt in der Schule.
③ ☐ Birgit muss schon im Unterricht essen.
④ ☐ Karin mag am liebsten Müsli.

c Detektiv-Strategie beim Hören:

Wer ist das?

Kiosk – Pause – Cola – Brezeln – Süßes

____

3 Lesen
Bitte zuerst die Aufgaben lesen.

(A) Alle staunen, als der Zeppelin – voll mit Heliumgas – durch die Zentralhalle fliegt. Kleine Elektromotoren treiben ihn an. Ein Schüler lenkt ihn mit einer Funk-Fernsteuerung. Er ist das „kleinste Luftschiff" der Welt und kommt ins „Guinness-Buch der Rekorde".

(B) Aber von wegen! Tina hat ein neues Album und eine neue Single („I Don't Wanna Fight" – auf Deutsch: Ich will nicht kämpfen) herausgebracht – und wird bei vier großen Open-Air-Festivals auf der Bühne stehen! Außerdem in diesem Jahr: Ein Kinofilm über Leben und Karriere der 53-jährigen (!) „Rock-Oma", die – wie ihr

(C) her schlägt. Sie alle zusammen, die „Monsters Of Rock", sollen in einem Super-Festival zusammentreffen. Die größten Hardrock-Stars auf der größten Bühne, die jemals in Europa stand: 58 Meter breit, 26 Meter tief und 30 Meter hoch.

(D) **21.7.1969**
Der erste Mensch auf dem Mond! Der amerikanische Apollo-11-Austronaut Neil Armstrong betritt um 3.56 Uhr (MEZ) die Mondoberfläche. 500 Millionen Fernsehzuschauer in aller Welt sind live am Bildschirm dabei.

(E) Wasser zum Kochen bringen, Teebeutel in einer großen Kanne aufbrühen und 10 Minuten ziehen lassen. Tee mit Zucker süßen und kalt werden lassen. Dann die Zitronen auspressen, den Saft in den Tee geben und umrühren. Tee noch eine halbe Stunde in den Kühlschrank. Mit Eiswürfeln zusammen ins Glas füllen.

(F) Auto Union AG, der Konstrukteur war Ferdinand Porsche. Die Maximalleistung des Motors betrug 295 PS. Der Wagen hatte einen Sechzehnzylinder-Motor, hatte aber trotzdem nur ein Gewicht von 1090 kg. Mit diesem Typ A der Auto Union konnte die Höchstgeschwindigkeit von 280 km/h erreicht werden. Erfolg-

(G) Die Winterspiele in Albertville, dann Barcelona, aber zuvor, in diesem Monat, EURO 92: Das Endturnier der Fußball-Europameisterschaft in Schweden, vom 10. bis 26. Juni. Deutschland spielt in der Gruppe 2: Holland, Schottland, GUS. Gruppe 1: Schweden, Frankreich, Jugoslawien und England.
Wir stellen hier die deutschen Asse in Bild und

a Themen und Texte: Wie viele Themen kannst du finden. Ordne zu.

________ Essen ________ Sport ________ Musik

________ Schule ________ Technik ________ Tiere

b Finde in jedem Text zwei typische Wörter.

A
____
____

B
____
____

C
____
____

D
____
____

E
____
____

F
____
____

G
____
____

Was sagst du? Was fragst du?

1 Ergänze die Fragen.

Dein Freund macht eine Party. Du fragst:

a Was ______________________________?

b Wann ______________________________?

c Wo ______________________________?

d Wer ______________________________?

e Wie lange ______________________________?

2 Hier sind die Antworten zu Aufgabe 1. Ordne sie zu.

a Am Samstagnachmittag.
b Wencke, Jens, Hermann, Gabi, Monika und Michael.
c Von 17 bis 22 Uhr.
d Ich habe Geburtstag.
e Bei mir zu Hause.

3 Einen Dialog schreiben.

○ Wir müssen für die Party noch einkaufen.

● Was brauchen wir?

○ ______________________________

● ______________________________

○ Nein, wir haben noch drei Flaschen zu Hause.

● ______________________________

○ Wir haben 30 Mark. Das ist genug!

● Was brauchen wir noch?

○ ______________________________

● ______________________________

○ Klar! Wir haben jede Menge Kassetten und CDs.

4 Ordne die Dialoge und schreibe sie ins Heft. Die Zeichnungen können helfen.

○ Bis Mittag habe ich geschlafen.

○ Ja, ganz prima! Am besten macht er Pizza.

○ Dann habe ich mir Spaghetti mit Ketchup gemacht.

● Kann dein Bruder kochen?

○ Er kann sehr gut Hamburger machen.

● Was hast du denn gestern gemacht?

● Und dann?

● Spitze! Das ist mein Lieblingsessen! Und was kann er noch?

● Phantastisch! Hamburger mag ich auch!

Wörter

5 Ordne die Wörter in zwei Gruppen. Wie heißen die Gruppen? Zwei Wörter passen nicht!

Rathaus · Kartoffel · Burg · Banane · Straße · Schokolade · Orange · Vater · Bahnhof · Stadtplan · Pizza · Salat · Ampel · Jugendherberge · Hamburger · Bleistift · Post · Eiscreme · Fußgängerzone · Salz · Kirche · Theater · Käse · Kuchen

6 Komposita bilden – Ergänze die passenden Wörter.

a Wo ist der Marktplatz? Hast du einen ____________ plan?

b Das schmeckt gut. Ist das ____________ auflauf?

c Müssen die Kinder in Deutschland eine ____________ uniform tragen?

d Wie lange dauern in Deutschland die ____________ ferien?

e Ist das ein ____________ ballon? Kann der fliegen?

f Schlafen wir heute Abend in der ____________ herberge?

7 Welche Wörter passen zusammen?

Bus	Stuhl	______________________
Tisch	Esel	______________________
Hund	Moped	______________________
Fahrrad	Antwort	______________________
Frage	Katze	______________________
Pferd	Straßenbahn	

8 Ein Rätsel: A ist ein Teil von B.

Ⓐ	Ⓑ
Buch	Stunde
Sonntag	Musik
Minute	Sport
Dezember	Deutschland
Pizza	Grammatik
Perfekt	Essen
Berlin	Jahr
Lied	Woche
Fußball	Bibliothek

Intonation

9 Wortakzent: Markiere die betonte Silbe.

aufpassen · korrigieren · verstehen · anziehen · nachschlagen · Bildergeschichte · Kassette · Schokolade · Schokoladenfondue · Gesamtschule · japanisch · chinesisch · französisch · Kokosnuss · Schlagsahne · Erdbeeren · Kartoffelauflauf · Verabredung · international

10 Wortakzent: lang oder kurz?

	lang	kurz		lang	kurz
Rezept	☐	☐	Liste	☐	☐
falsch	☐	☐	Tisch	☐	☐
Sahne	☐	☐	Soße	☐	☐
Zucker	☐	☐	Obst	☐	☐
Schule	☐	☐	Kuchen	☐	☐

11 Satzakzent: Markiere die betonten Wörter.

a ○ Entschuldigen Sie bitte, wie komme ich zur Jugendherberge?

● An der Kreuzung gehst du links, dann sind es nur noch hundert Meter.

b ○ Warum kommst du so spät? Was ist denn passiert?

● Ich habe meinen Geldbeutel verloren.

c ○ Kommst du heute Abend mit ins Kino?

● Nein, ich muss noch Hausaufgaben machen.

Rechtschreibung

12 Wörter erkennen.

a Ohne Text

WoXXenende · KlaXXe · EisenaXX · besuXXt · intereXXant · heiXX · FlasXXe · MineralwaX-Xer · groXX · BreXXeln · gegeXXen · FuXX · muXXt

____

____

____

b Mit Text: Schreibe den Text ins Heft.

Lieber Jacques,

wir waren am WoXXenende mit der KlaXXe in EisenaXX. Wir haben dort die Wartburg besuXXt. Das war sehr intereXXant. Aber es war auch sehr heiXX. Ich hatte eine FlasXXe MineralwaXXer mit, die habe ich gleich getrunken. Dann hatte ich groXXen Hunger. Ich habe mir zwei BreXXeln gekauft und sie gegeXXen. Wir sind dann von der Wartburg zu FuXX zur Stadt gelaufen, eine Stunde lang.
Du muXXt bald kommen. Dann fahren wir zur Wartburg!

Dein Harald

Grammatik

13 Schreibe das Partizip II. Kontrolliere mit der Verbliste auf Seite 107 im Arbeitsbuch.

sprechen	______________	verlieren	______________
singen	______________	notieren	______________
träumen	______________	anschauen	______________
zuhören	______________	schlafen	______________
üben	______________	lesen	______________

14 Was hast du gestern den ganzen Tag gemacht?

schlafen · fernsehen · schlafen · telefonieren · einen Brief schreiben · lesen · Musik hören · essen · trinken

Gestern habe ich den ganzen Tag nichts gemacht. Ich war im Bett. Erst habe ich ______________. Dann habe ich ______________. Dann habe ich wieder ______________. Dann habe ich mit meiner Freundin ______________. Dann habe ich meinem Freund ______________________________. Dann habe ich mir ein Buch geholt und 2 Stunden ______________. Dann habe ich noch ______________. Dann hatte ich Hunger und Durst: Ich habe mir Cola und Pommes frites geholt, bin wieder ins Bett gegangen und habe ganz lange ______________ und ______________. Dann war ich wieder sehr müde und habe wieder 5 Stunden geschlafen.

15 Perfekt mit *sein* oder *haben*?

laufen:	__________ du schon einmal 100 Meter in 15 Sekunden gelaufen?
gehen:	Ich __________ heute zu Fuß zur Schule gegangen.
spielen:	Monika __________ gestern zwei Stunden Gitarre gespielt.
fliegen:	Der Papagei __________ auf das Haus geflogen.
schwimmen:	__________ du schon einmal einen Kilometer geschwommen?
geben:	Wann __________ du mir das Buch gegeben?
aufgehen:	Heute __________ die Sonne schon um 6 Uhr aufgegangen.
schlafen:	Wie viele Stunden __________ du in der letzten Nacht geschlafen?

16 Modalverben: können, müssen, dürfen.

- ● Sandra, __________ du mir bitte helfen? Ich __________ die Hausaufgaben in Deutsch nicht machen!
- ○ Was __________ du denn machen?
- ● Wir __________ die richtigen Formen der Modalverben einsetzen.
- ○ Das ist doch einfach! Wie geht die Tabelle von „müssen"?
- ● Ich __________, du __________, er/sie/es __________, wir __________, ihr __________, sie __________.
- ○ Und von „dürfen"?
- ● Ich __________, du __________, er/sie/es __________, wir __________, ihr __________, sie __________.
- ○ Na also, du __________ doch alles! So, jetzt __________ wir ins Kino gehen.

Schreiben

17 Die Klassenparty

Eine Woche vor der Party. Die Klasse diskutiert mit Herrn Siebert, dem Klassenlehrer: Was ist zu tun?

Daniel notiert:

1) Den Direktor besuchen, über die Party sprechen.
2) Hausmeister fragen, Räume anschauen.
3) Gute Musik suchen. Kassettenrekorder mitbringen.
4) Ideen für Spiele sammeln.
5) Klassenraum aufräumen.
6) Salate machen, Kartoffelsuppe kochen, …
7) Freunde einladen

Eine Stunde vor der Party. Herr Siebert spricht noch einmal mit der Klasse. Haben wir alles gemacht?

1. Wir haben den Direktor besucht und über ____________________
2. ____________________
3. ____________________
4. ____________________
5. ____________________
6. ____________________
7. ____________________

18 Die Schatzinsel
Lies den Text und zeichne den Weg zum Schatz in die Karte ein.

Das Vermächtnis des alten Piraten

„... du kommst von Westen. Fahre nicht zu nahe an die Insel in die Haifisch-Bucht. Dort gibt es gefährliche Korallenriffe. Segle um die Südspitze und wirf den Anker in der ‚Totenkopf-Bucht'. Fahre mit dem Ruderboot an die südöstliche Landzunge und gehe an Land ... Zwischen den Felsen gehst du ungefähr 100 Meter in Richtung zu einem großen Baum. Du findest ihn leicht – an ihm hängt ein Seil.

Rechts vom Baum ist die Hütte. Dort kannst du übernachten.

Hinter der Hütte ist eine Brücke. Sie führt über eine Schlucht. Vorsicht, der Weg ist sehr schmal! Er führt dich in eine Höhle. Habe keine Angst! Gehe nicht nach links, dort haust ein wilder Löwe, und der Sarg von ‚Black Jack' liegt neben einer Palme ... ‚Black Jack' wollte nicht auf mich hören, und dann kam der Löwe ..., aber was rede ich ...

Also, du gehst durch die Höhle bis zum Ausgang. Du siehst einen Turm. Klettere auf den Turm! Er steht mitten auf der Insel, und du hast die Hälfte des Weges schon zurückgelegt.

Schau nach Nord-Osten, du siehst den ‚Haifischkopf-Felsen'. Das ist deine Richtung!

Wenn du vor dem Felsen stehst, schleiche dich vorsichtig um den Felsen. In der Nähe ist die Schlangenhöhle – sehr gefährlich!! Die Schlangen dürfen dich nicht hören!!

Hinter dem Felsen findest du einen Weg. Folge ihm! Er führt dich zwischen zwei Palmen hindurch zu einem Grab. Es liegt genau im Norden der Insel, John Silver hat dort seine Ruhe gefunden ...

Gehe an der Küste entlang nach Westen bis zum Skelett – Vorsicht! Nachts spuken dort Geister!!

Stell dich neben das Skelett und drehe dich nach Süd-Osten. Folge der Richtung vom rechten Bein, zu zwei Palmen. Hinter den Palmen, zwischen Felsen, liegt der Schatz ...

Ich wünsche dir viel Glück ..."

Systematisch Lesen lernen in 10 Schritten

Am Anfang erst einmal ein deutscher Text:

WISSEN: Sportliche Ereignisse

Foto: dpa/Witschel

Leichtathletik-WM in Rom 1987: Der Kanadier Ben Johnson siegt beim 100-Meter-Lauf der Männer.

Der Schnellste ...

Ben Johnson aus Kanada und Carl Lewis aus den USA sind bei den Leichtathletik-Weltmeisterschaften 1987 in Rom die schnellsten Läufer über 100 m. Lewis, vierfacher Olympiasieger, schafft die Strecke mit 9,93 sec. Johnson aber ist schneller: 9,83 sec. Ben Johnson wird mit brausendem Applaus gefeiert. Noch schneller wird er ein Jahr später bei den Olympischen Spielen sein, nämlich 9,79 sec. Bis sich wenig später herausstellt, dass der Kanadier gedopt war.

Was verstehst du? Zeichne ein.

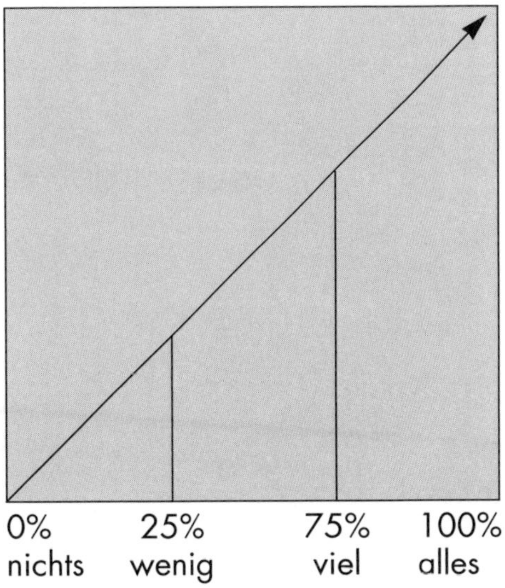

Texte in der Fremdsprache sind nicht leicht. Es gibt viele Probleme, z. B. neue Wörter. Keine Angst! Du kannst in deiner Muttersprache gut lesen, und in einer fremden Sprache ist das ganz ähnlich. Wir helfen dir mit Übungen und Tipps.

Lesen in der Muttersprache: 3 Fragen sind wichtig:

1 Warum lese ich?
2 Was lese ich?
3 Wie lese ich?

Lesen

1 Warum lese ich?

Schreibe für jede Möglichkeit ein Beispiel:

a Ich lese ______________________________, weil es mir Spaß macht.

b Ich lese ______________________________, weil ich etwas wissen will.

c Ich lese ______________________________, weil ich etwas lesen muss (z. B. Schule).

2 Was lese ich?

Es gibt auf der Welt immer mehr Texte, immer mehr Zeitschriften, immer mehr Bücher.

Lesetest

Was liest du jeden Tag, in deiner Freizeit, in der Schule? Kreuze an:

	nie	manchmal	oft
Comics			
Zeitungen			
Romane			
Gedichte			
Kurzgeschichten			
Jugendzeitschriften			
Schulbücher			

Grundregel Ein guter Leser liest viel.

3 Wie lese ich?

Die meisten Schüler lesen in der Fremdsprache anders als in der Muttersprache.
Ein wichtiger Unterschied ist das Lesetempo.

Schnecke oder Hase?

Sieh dir die beiden Sätze an. Was glaubst du, wie lesen viele Schüler in der Muttersprache und in der Fremdsprache? **a** oder **b**?

a Peter hat sich gestern drei neue Bücher gekauft.

b Peter hat sich gestern drei neue Bücher gekauft.

Viele Schüler lesen in ihrer **Muttersprache** sehr **schnell**, aber in der **Fremdsprache** sehr **langsam**, weil sie **Angst** haben, dass sie etwas übersehen oder nicht verstehen. Sie lesen daher **jedes Wort einzeln**. Wenn du aber jedes Wort einzeln liest, dann muss dein Auge in diesem Satz 8 x springen. Wenn du immer mindestens **drei oder vier Wörter liest**, dann nur 2 oder 3 x. Das geht natürlich viel schneller. Du **siehst immer schon die nächsten Wörter** und das **hilft dir beim Verstehen**.

Lesetipp Ein guter Leser stoppt nicht bei jedem Wort, sondern liest mehrere Wörter auf einmal.

Beim Lesen helfen Lesestrategien. Wir zeigen dir jetzt einige davon.

4 Lesestrategien

Wenn du etwas liest, dann benutzt du in der Muttersprache automatisch eine bestimmte Strategie. Hier sind die drei wichtigsten Lesestrategien.

Aufgabe: Wann brauchst du welche Strategie? Gib für jede Strategie ein Beispiel.

Express-Strategie
Du liest einen Text schnell durch. Du willst wissen: Worum geht es? Was ist das Thema? Die Details sind nicht so wichtig.

____

Schnüffel-Strategie
Du suchst eine ganz bestimmte Information in einem Text. Der Rest des Textes ist nicht so wichtig.

____

Detektiv-Strategie
Du liest einen Text ganz genau. Alle Informationen sind wichtig.

____

Lesetipp Ein guter Leser benutzt alle drei Strategien beim Lesen.

5 Was du mit den Fragen warum, was und wie machen kannst

Warum ?

Situation 1:
Du siehst am liebsten Westernfilme und du willst wissen: Gibt es nach 18 Uhr einen Western im Fernsehen?

Situation 2:
Du musst einen Aufsatz für die Schule über das Angebot im Fernsehen schreiben. Du willst also genau wissen: Was kommt jeden Tag im Fernsehen? Was ist der Inhalt der einzelnen Sendungen?

Situation 3:
Du suchst den Fernsehteil in der Zeitung.

Was? Du nimmst das Fernsehprogramm.

Wie? Express-Strategie, Schnüffel-Strategie, Detektiv-Strategie

KABELKANAL

7.54 Bim Bam Bino/Zeichentrick-Serien / 11.55 Tarzan / 12.55 Fantasy Island / 13.55 ● Zwei Freunde fürs Leben. (GB, 1968) **/ 15.45 Der Mann in den Bergen / 16.40 High Chaparral / 17.35 ● Wenn die Conny mit dem Peter.** (s/w). (D, 1958) **/ 19.20 Bauerntheater: Thomas auf der Himmelleiter / 21.00 Die Straßen von San Francisco / 21.55 Hawaii 5-0 / 22.45 M.A.S.H. / 23.15 Murphy Brown / 23.45 ● Patty.** (USA, 1987) **/ 1.25 Die Straßen von San Francisco / 2.20 M.A.S.H. / 2.45 Murphy Brown**

RTL 2

8.25 Beverly Hills Teens / 8.55 C.L.Y.D.E. / 9.25 Peter Pan / 9.50 Ruck Zuck / 10.20 Bitte lächeln / 10.50 Benson / 11.25 Onkel Buck / 11.55 Hulk / 12.55 Hallo Kurt / 13.20 Mila Superstar / 13.50 Belle und Sebastian / 14.15 Die Erinnerungen des Esels Cadichon (1) / 14.40 Beverly Hills Teens / 15.05 C.L.Y.D.E. / 15.40 Peter Pan / 16.15 Abbott und Costello / 16.45 Fridolin / 17.00 Die 7-Millionen-Dollar-Frau / 17.50 Ruck Zuck / 18.20 Bitte lächeln / 19.00 Mensch Bachmann / 20.15 ● Wanda Nevada. (USA, 1979) **/ 22.25 ● Noch heute sollst du hängen!** (USA, 1956) **/ 0.00 Twin Peaks**

Aufgabe: Für welche Situation brauchst du welche Strategie? Ordne die drei Strategien den drei Situationen zu.

Situation 1: ______________________________

Situation 2: ______________________________

Situation 3: ______________________________

Und gleich noch ein Beispiel:

Warum ? Du möchtest mit deiner Freundin ins Kino gehen und du willst wissen: Was kommt im Kino? Um wie viel Uhr fangen die Filme an?

Was? Du schlägst die Zeitung auf und siehst viele verschiedene Texte und Themen: Sport, Politik, Wirtschaft, Kultur.

Wie? Welche Strategie brauchst du?

Express-Strategie ❐

Schnüffel-Strategie ❐

Detektiv-Strategie ❐

Die Rache der Bikinier: Ihre Heimat war ein Paradies. Dann kamen die Amerikaner und siedelten die Bewohner um.
Ein reiches Leben: Grünwald, ein Vorort von München, ist die reichste Gemeinde Deutschlands.

Umfang dieser Ausgabe: 52 Seiten

Lösung

- Mit der Express-Strategie siehst du schnell, dass nur eine Seite in der Zeitung für dich wichtig ist, die Kulturseite. Die anderen brauchst du nicht zu lesen.
- Mit der Schnüffel-Strategie suchst du schnell das Kinoprogramm auf der Seite. Du brauchst nicht die ganze Seite zu lesen. Das Theaterprogramm und die Konzerte usw. sind im Moment nicht wichtig.
- Mit der Detektiv-Strategie suchst du jetzt einen guten Film und eine passende Uhrzeit.

Lesetipp Beim Lesen immer mit der Express-Strategie beginnen.
Die Detektiv-Strategie nur dann verwenden, wenn es unbedingt nötig ist.

Lesen

6 Einen Text genau anschauen hilft

Viele Texte kannst du schon an der Form erkennen. Erinnere dich an das Beispiel mit der Zeitung: Die Seiten für Politik, Wirtschaft, Sport und Kultur sehen alle anders aus. Sieh dir die folgenden Texte nur kurz an: Kannst du sagen, was für Texte das sind?

①

②

Sportflugzeug abgestürzt
Pilot bleibt unverletzt

Bayreuth (dpa) – Mit dem Schrecken kam der Pilot einer Sportmaschine bei einer Bruchlandung beim oberfränkischen Mehlmeisel (Landkreis Bayreuth) davon. Die Maschine hatte beim Versuch einer Notlandung zunächst Baumwipfel ge-

③

Weitere Aussichten bis Dienstag

Süddeutschland: Weiterhin wechselhaft und wieder milder. **Norddeutschland:** Am Sonntag bedeckt und Regen, am Montag wechselhaft mit Schauern, am Dienstag wechselnd bewölkt und weitgehend niederschlagsfrei. Tageswerte 4 bis 7 Grad.

④

Denkt euch nur, die Erika
verreist jetzt nach Amerika!
Doch im Pass mit dem sie reist,
ist ein Fehler, denn da heißt
die Erika Sabina.
Nun reist sie halt nach China.

⑤

⑥

2 Kinotage Montag u. Dienstag DM 8,-

Gloria-Palast
Karlsplatz 5, Telefon 555670

KASPAR HAUSER ab 12 Jhr., 2. Woche
13.00 / 16.30 / 20.00

Royal-Filmpalast
Goetheplatz 2, Telefon 533956/7

Mo./Di. (außer Feiertag) DM 9,-
MRS. DOUBTFIRE ab 6 Jhr. 1. Wo.
12.45/15.00/17.30/20.00/Do.-So. 22.30
THX-SOUND-SYSTEM + DOLBY STEREO
PERFECT WORLD ab 16 Jhr., 4. Wo.
14.00/17.00/20.00/Do.-So. 22.45
DIE DREI MUSKETIERE ab 12 Jhr. 1. Wo.

Lesetipp Wenn du weißt, was für ein Text es ist, dann weißt du auch oft schon, was der Inhalt ist.

Sturmböen. **Hessen, Rheinland-Pfalz, Saarland:** Überwiegend starke Bewölkung mit Schauern, zum Teil bis in die Niederungen als Schnee. Höchstwerte um 4, Tiefstwerte um 2 Grad. Böig starker Wind um West. **Nordrhein-Westfalen:** Wiederholt Regen- und Graupelschauer, örtlich auch kurze Gewitter. Tags um 5, nachts um 2 Grad. Stürmischer Wind um West. **Norddeutschland:** Stark bewölkt mit Schauern, zum Teil als Schnee oder Graupel, örtlich mit Gewittern. Höchstwerte 3 bis 5, Tiefstwerte um 2 Grad. Starker bis stürmischer Nordwestwind. **Ostdeutschland:** Wechselnd bis stark bewölkt mit Regen- und Graupelschauern, vereinzelt auch Gewitter. Tags 3 bis 5, nachts ... ad. M...

In einem Wetterbericht kommen z. B. immer ganz bestimmte Wörter vor. Welche? Schreibe ein paar in deiner Sprache auf.

____

____

____

____

Sieh dir jetzt noch einmal die Texte oben an und ordne schnell die folgenden Sätze zu. Welcher Satz passt zu welchem Text?

- Bei dem Unfall hat es keine Verletzten gegeben.
- Morgen wird es regnen.
- Der Film ist ab 16 Jahren.

Du hast gemerkt, das war sehr leicht.

⚠ **Vorsicht:** Nicht jede Textform gibt Hilfen.

7 Signale im Text erkennen lernen

Es gibt in jedem Text wichtige Signale, die dir Informationen geben. Diese Signale musst du suchen.

Auf den ersten Blick

Wenn du diese Signale anschaust, weißt du schon eine ganze Menge:

WISSEN: Rock und Pop

Bilder und Fotos

Bildunterschriften

Die Beatles in Deutschland, Juni 1966

Die Beatles — *die Überschrift*

fette Wörter und Sätze

der erste Satz oder der erste Abschnitt

1960 war der **erste Auftritt** der Gruppe in Liverpool. Ab 1962 waren sie in folgender Besetzung zusammen: John Lennon, George Harrison, Paul McCartney, Ringo Starr.
In den folgenden Jahren produzierten die „Pilzköpfe" einen Hit nach dem anderen.
Ihr **letztes Konzert** gaben sie 1966, und 1970 trennten sie sich offiziell. Alle Versuche, sie zu einem weiteren gemeinsamen Auftritt zu bewegen, scheiterten. 1980 wurde John Lennon bei einem Attentat erschossen.

Gliederungen

Zahlen

der letzte Satz oder der letzte Abschnitt

Auf den zweiten Blick

Jetzt wird es schwieriger. Es gibt vielleicht viele neue unbekannte Wörter. Ein „schlechter Leser" nimmt jetzt das Wörterbuch und beginnt mit der „Detektivstrategie". Er liest jedes Wort (Schnecke). Wir zeigen dir, was ein guter Leser macht.

8 Lesen ohne Wörterbuch: Die Rate-Strategie

Lesetipp Bei unbekannten Wörtern immer zuerst raten, was sie bedeuten.

In deiner Muttersprache nimmst du die Rate-Strategie automatisch: Du kannst das einfach ausprobieren. Nimm einen Text und decke die nächste Zeile mit einem Stück Papier ab und rate.

Beispiel:

a	b	c
Auf dem Campingplatz waren Jungen und Mädchen aus vielen Ländern, aus Italien, Deutschland ...	Liebe Elke, das Wetter hier war die ganze Zeit schön, aber heute ...	Hans ist kein guter Schüler. Seine Noten sind sehr ...

Welche Informationen im Text haben dir geholfen?

Die Rate-Strategie funktioniert auch bei deutschen Texten. Dabei helfen Signale im Text.

a **Kontext:** Was steht rechts und links vom Wort?
Gestern XXX Peter im Kino. Er hat einen XXX gesehen.

b **Wörter,** die du kennst.
Mein Vater hat ein Restaurant.

- internationale — englisch: *tourist*, deutsch: *Tourist*
- aus der Muttersprache — französisch: *oncle*, deutsch: *Onkel*
- aus einer anderen Fremdsprache — englisch: *garden*, deutsch: *Garten*

c **Zahlen** kannst du leicht erkennen.
3000 Athletinnen und Athleten ...

d Die **Grammatik** kann helfen. Wörter wie „kein" oder „nicht" verändern Informationen.
Heute kommt Susi nicht in die Schule.

e **Nomen** tragen wichtige Informationen in deutschen Texten. Man schreibt sie immer groß. Manchmal kann man nur mit den Nomen schon einen Text verstehen:
... Sommer ... Familie Schmidt ... Italien ... Urlaub.
Im Sommer fährt Familie Schmidt nach Italien in Urlaub.

Lesetipp Nur bei Problemen ein Wörterbuch benutzen.

9 Lesen mit Plan: Der ABC-Plan

Wir zeigen dir jetzt, was du beachten musst, wenn du einen Text in einer Fremdsprache liest.

Vor dem Lesen

Lesen fängt schon vor dem Text an. Erinnere dich an den Wetterbericht. Du weißt, was im Text steht, auch ohne den Text zu lesen.
Sieh dir das Beispiel unten an: Wenn du das Foto siehst, dann weißt du schon viel: Im Text steht wahrscheinlich etwas über Technik, über Züge oder Lokomotiven, über Geschwindigkeit oder über die Leistung. Vielleicht auch über die Kosten oder über Probleme und Vor- und Nachteile. Vielleicht auch über den Mann, der aus dem Fenster schaut usw.
Wenn du darüber schon vorher nachdenkst, dann wirst du auch beim Lesen diese Informationen schneller erkennen und verstehen.

Überlege dir vor dem Lesen, was du mit den Informationen machen willst oder musst. Im Unterricht musst du meistens Fragen und Aufgaben zum Text bearbeiten. Wenn es im Kursbuch Fragen oder Aufgaben zum Text gibt, dann schaue sie dir an, bevor du den Text liest.

Lesetipp Schon vor dem Lesen über das Thema des Textes nachdenken und die Aufgaben ansehen.

Beim Lesen

Lies den Text schnell durch. Sind deine Vermutungen über den Inhalt ungefähr richtig? Dann lies jetzt noch einmal, ein bisschen langsamer. Achte auf die Signale im Text.

Schneller Schienen-Express

Glück für den 13-jährigen Peter aus dem hessischen Frankfurt. Der Eisenbahnfan durfte in der schnellsten Lokomotive Deutschlands mitfahren. Der neue Intercity-Express (ICE) hat 13000 PS und fährt mit Tempo 250 quer durch die Bundesrepublik. Wie im Flugzeug gibt es auch im ICE viel Elektronik: Der Lokführer sieht auf einem Bildschirm, ob die Strecke frei ist. Der Zug fährt fast automatisch. Trotzdem gibt es keine Langeweile. Der Mann in der Lok kontrolliert alle Funktionen. Peters Kommentar: „Lokführer ist mein Traumberuf."

Lesetipp Markiere die Wörter und Signale, die dir beim Verstehen helfen.

Nach dem Lesen

Was machst du mit den Informationen?

- Du machst dir Notizen für dich. Du willst die Informationen nicht vergessen.
- Du machst dir Notizen. Du willst die Informationen weitergeben (z. B. einem Freund oder in der Schule dem Lehrer).
- Du machst dir Notizen. Du musst im Unterricht Aufgaben zum Text bearbeiten.

Hier sind einige Aufgaben und Fragen zum Text auf Seite 87.
Denk nach: Welche Lesestrategie brauchst du?
Kreuze zu den einzelnen Aufgaben die Strategie an:

Aufgabe 1 Wie alt ist Peter?			
Aufgabe 2 Was ist das Thema des Textes? **a** Schule **b** Sport **c** Technik			
Aufgabe 3 Übersetze den Text in deine Muttersprache.			
Aufgabe 4 Wie schnell ist der ICE ? **a** 230 km/h **b** 240 km/h **c** 250 km/h			

10 Teste dich selbst

Wie gut liest du?

Kreuze bei den folgenden Aussagen entweder **a** oder **b** an.

1

a ☐ Ich schaue mir immer zuerst die Bilder und die Überschrift an. Dann überfliege ich den Text schnell. Ich weiß dann ungefähr, was das Thema ist.

b ☐ Ich lese mir immer zuerst den ganzen Text genau durch, damit ich weiß, was das Thema ist.

2

a ☐ Ich versuche, erst einmal ohne Wörterbuch zu lesen. Es gibt viele Signale im Text, die mir helfen, und oft kann ich einen Satz auch dann verstehen, wenn ich zwei oder drei Wörter nicht kenne. Der Kontext hilft oft sehr viel.

b ☐ Beim Lesen benutze ich immer ein Wörterbuch. Es gibt so viele neue unbekannte Wörter, die muss man alle verstehen, sonst versteht man auch den Text nicht.

3

a ☐ Ich lese mir immer zuerst die Aufgaben und Fragen zum Text durch. Dann weiß ich, worauf ich beim Lesen achten muss. Ich weiß dann, warum ich den Text lese und ob ich alles lesen muss oder nur einen Teil. Ich weiß dann auch, welche Lesestrategie ich brauche.

b ☐ Im Unterricht lese ich zuerst den Text immer ganz genau. Dann lese ich mir die Aufgaben und die Fragen durch. Die Aufgaben stehen ja auch oft erst nach dem Text. Dann bearbeite ich die Aufgaben.

4

a ☐ Ich lese nicht nur in der Schule. Ich lese auch viel in der Freizeit. Comics, Bücher, Zeitungen usw.

b ☐ Ich lese nur in der Schule. Ich kann mich dann besser konzentrieren. Die Texte in der Schule sind wichtiger als Comics und Zeitungen.

Auswertung

3–4 x a:	Du bist ein guter Leser. Mach weiter so.
2 x a:	Du hast schon einige Lesestrategien, aber du kannst noch besser werden. Lies noch einmal den Teil: *Lernen lernen* und *Lesen lernen* in deinem Arbeitsbuch.
1 x a	Du hast bestimmt manchmal Probleme beim Lesen. Nicht vergessen: Lesestrategien helfen!
Nur b:	Bitte lies das Kapitel *Lesen lernen* noch einmal in der Detektiv-Strategie durch!

Systematisch Hören lernen in 8 Schritten

1 Ganz am Anfang ein kleines Experiment

Höre bitte die Kassette. Was hörst du? Autos? Tiere? Wo spielt die Szene? Welche Personen kannst du identifizieren?

Geräusche produzieren Bilder im Kopf: Was hast du gesehen?

Eigentlich hast du nur ein paar Geräusche gehört. Aber dein Gehirn hat automatisch die Geräusche geordnet. Menschen machen aus Geräuschen Bilder oder sogar kleine Filme im Kopf.

Beim Hören gibt es aber ein Problem: Die Informationen „leuchten" nur kurz auf wie ein Blitzlicht und sind dann wieder weg. Deshalb ist wichtig:

Hörtipp Vor dem Hören so viel wie möglich Informationen über den Hörtext sammeln.

Wir wollen euch hier ein paar Tipps zum systematischen Hören geben.

Hörtipp Achte beim Hören von Texten auf Stimmen, Nebengeräusche und Töne. Sie helfen dir, den Kontext zu verstehen.

2 Probleme

Überleg mal: Was macht beim Hören mehr Probleme? Was ist leichter?

Lies bitte, was Schüler über das Hören in der Fremdsprache sagen. Was meinst du?

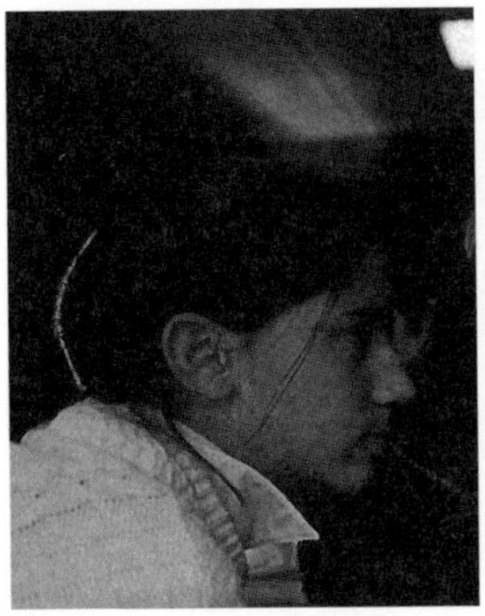

Ich höre einen fremden Text am liebsten zu Hause auf meinem Walkman. Da habe ich Zeit und Ruhe. Mit Radiosendungen habe ich meistens Probleme. Das geht alles so schnell.
Nilgün, 13 Jahre

Wenn wir einen Text gemeinsam in der Klasse hören, dann kann ich Fragen stellen. Das hilft. Ich lerne nicht so gern alleine. Außerdem können wir den Text wiederholen.
Florian, 11 Jahre

Ich spreche oft mit deutschen Touristen. Wenn ich jemanden sehe, dann verstehe ich ihn. Deutsch am Telefon ist ein Problem.
Beatrice, 12 Jahre

Eine Freundin hat mich einmal aus Deutschland angerufen. Das war ein Problem. Ich habe nicht viel verstanden, nur, dass sie mich besuchen will.
Vera, 13 Jahre

Hörtipp Deutsch hören im Radio oder Fernsehen muss man vorbereiten.

3 Fragen

Warum höre ich?
Was höre ich?
Wie höre ich?

Überlege kurz: Was hörst du in deiner Sprache? Was hörst du auf Deutsch?

in meiner Sprache	auf Deutsch

Du hast jetzt eine Liste mit Hörtexten. Wenn du diese Texte hörst, erkennst du meistens nach wenigen Sekunden, worum es geht: Sportbericht oder Hitparade? Nachrichten, Lottozahlen oder Lehrbuchdialog? Warum ist das so? Hörtexte haben wie Lesetexte eine bestimmte Form. Die Form musst du erkennen, dann verstehst du den Text besser. Die Form gibt dir auch Informationen über den Inhalt.

Hörtipp Versuche vor dem Hören oder in den ersten Sekunden zu erkennen: Was für ein Text ist das? Dann kannst du den Rest besser verstehen.

4 Hören mit System: Der ABC-Plan

Den ABC-Plan kennst du vom Lesen. Erinnerst du dich?

A Vor dem Hören

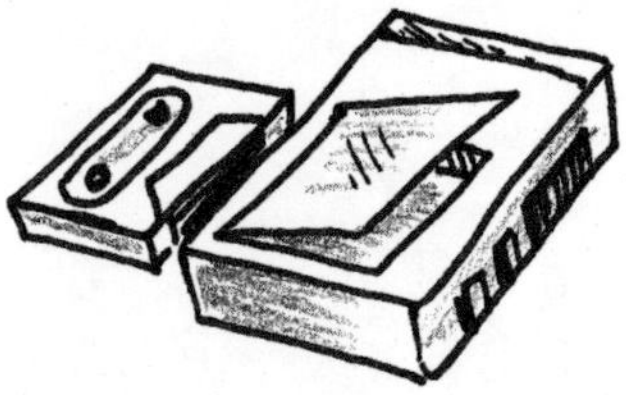

Was weiß ich schon? (Namen? Text?)
Was kommt? (Dialog? Musik?)
Was ist die Aufgabe zum Hörtext?
Zuerst die Aufgabe lesen!
Schon vorher in der Klasse über den Hörtext sprechen!

Am besten macht ihr das zusammen in der Klasse. Jetzt weißt du: Warum hörst du den Text? Was ist wirklich wichtig?

B Beim Hören

Genau aufpassen.
Beim ersten Hören nicht sofort mitschreiben.
Was ist für die Aufgabe wichtig? Was ist nicht so wichtig?
Noch einmal hören und Notizen machen.

C Nach dem Hören

Diese Fragen sind wichtig, wenn du weiterarbeitest:

Wozu brauche ich die Information?
Was will ich mit den Informationen machen?
An was erinnere ich mich?
Was war besonders wichtig?

Aufgabe: Arbeite systematisch mit der Fragenliste und einem Hörtext von deiner Kassette.

5 Hörstrategien

Auch das kennst du vom Kapitel über das Lesen: Es gibt drei Strategien.

Wie heißt die Strategie?	Was passiert hier?	Was ist das Ergebnis?
Express-Strategie 	Du suchst die Sportberichte im Radio. Du hörst ganz kurz zu. Details interessieren dich nicht. Du willst nur wissen: Welcher Sender bringt Sport?	Du erkennst den Sportbericht sofort, weil du schon oft Sportberichte gehört hast. Du weißt jetzt, worum es geht und was dann kommt (z. B. Resultate).
Schnüffel-Strategie 	Du suchst eine wichtige Information (das Resultat von deinem Fußballclub) und hörst genau zu. Du hörst so lange zu, bis du die Information findest.	Du hast eine bestimmte Information, das Resultat, gefunden, weil du dich ganz darauf konzentriert hast. Der ganze Rest war für dich nicht so wichtig.
Detektiv-Strategie 	Du bist Fußballfan. Du hörst ganz aufmerksam zu und versuchst, möglichst alle Resultate zu verstehen. Jedes Detail ist wichtig.	Du hast vielleicht ziemlich viel, aber nicht alles verstanden. Das muss man auch nicht. Im Alltag machst du das auch nicht oft.

Hörtipp Ein guter Hörer hört strategisch.

Überlege immer vorher: Welches ist jetzt gerade die beste Strategie? Frage deine Lehrerin, sie kann dir helfen.

6 Systematisch hören: Ein Beispiel

So sehen Hörübungen oft aus:

Internationaler Campingplatz

Höre die Kassette und notiere die Informationen.

	Land	Stadt
Rita Hinterberger		
Wolfgang Brauner		
Antonio Brandi		

Erinnerst du dich an den ABC-Plan:

Was weißt du schon vor dem Hören über die Situation?
Was werden die Jugendlichen sagen?

Welche Informationen gibt dir die Übung für deine Hörstrategie?
Welche Strategie brauchst du?

Express-Strategie ❐

Schnüffel-Strategie ❐

Detektiv-Strategie ❐

Lösung

Bei dieser Aufgabe musst du dich nur auf die Namen der Städte und der Länder konzentrieren.

Aufgabe: Suche dir im Kursbuch eine Hörübung aus und überlege deine Strategie.
Sprich über Hörstrategien mit anderen Schülerinnen und Schülern.

7 Hör-Quiz

Jetzt hast du etwas Entspannung verdient.

Musik, Musik, Musik ...

Was für Musik ist das? Notiere die Reihenfolge.

8 Teste dich selbst – Bist du ein guter Hörer?

Kreuze bitte an.

	Ja	Nein	
1			Ich höre wenig Radio.
2			Ich höre oft Radio, aber nur die Musiksendungen.
3			Ich höre oft Nachrichten und Sportberichte im Radio.
4			Ich überlege vorher, was ich im Radio hören will.
5			Ich notiere mir manchmal wichtige Informationen beim Hören.
6			Auch wenn ich etwas nicht verstehe, schalte ich nicht gleich ab.
7			Ich höre mir auch zu Hause Sprachkassetten an.
8			Ich höre nur im Unterricht Deutsch. Das ist einfacher.
9			Ich versuche manchmal, Radio auf Deutsch zu hören.

Auswertung

7–9 Ja-Antworten
Ja, du bist ein super Hörer. Hören macht dir Spaß. Hören auf Deutsch ist für dich kein Problem. Wir wünschen dir weiter viel Spaß.

4–6 Ja-Antworten
Du bist ein guter Hörer. Aber du kannst dich noch verbessern. Versuche öfters, konzentriert Kassetten oder Radio zu hören.

Weniger als 4 Ja-Antworten
Du bist noch kein guter Hörer. Am besten hörst du öfter Radio und Kassetten und überlegst genau: Was will ich hören? Was macht mir Spaß? Wie kann ich mich verbessern

sowieso – Grammatik auf einen Blick

Grammatik lernen in *sowieso* funktioniert in 3 Schritten: sammeln – ordnen – systematisieren.

1. Schritt – sammeln
Zuerst arbeitest du in der Einheit mit einem Text: Das ist zum Beispiel ein Dialog oder ein Zeitungstext. Du übst Sprechen und Schreiben. In dem Text gibt es oft neue grammatische Strukturen. „Sammeln" heißt: neue grammatische Formen notieren, unterstreichen oder herausschreiben und eine Liste machen. Deine Lehrerin hilft dir dabei.
Hier im Beispiel suchst du die Zeitangaben:

- ○ Hi Freddy, was machst du denn hier?
- ● Ich komme jetzt aus Wien. Und du, Sabrina?
- ○ Ich war gestern in Moskau.
- ● In Moskau? Ich bin im Juli in Moskau.
- ○ Im Juli bin ich in New York.
- ● Ja, in New York war ich auch. Da hatte ich Konzerte im Dezember und im Januar.
- ○ Im Januar war ich in Singapur. Warst du da schon mal? ...

2. Schritt – ordnen
Jetzt machst du dir selbst eine Tabelle. In der Tabelle ordnest du die neuen Formen ein. So kannst du die Regel am besten verstehen und behalten.

Ich	komme	jetzt aus Wien.
Ich	war	gestern in Moskau.
Ich	bin	im Juli in Moskau.
Im Juli	bin	ich in New York.

3. Schritt – systematisieren
In der Tabelle vergleichst du dann die Formen. Oft kannst du dann die Regel schon erkennen. Manchmal können wir dir auch einen Tipp geben, wie du eine Grammatikregel besser verstehst.

1	**2**	
Ich	komme	jetzt aus Wien.
Ich	war	gestern in Moskau.
Ich	bin	im Juli in Moskau.
Im Juli	bin	ich in New York.

Du siehst jetzt, was sich in einem Satz mit Zeitangaben verändert.

Die Regel Das Verb steht immer an Position 2. (GR 5)

Die Tabellen in diesem Kapitel sind schon systematisch geordnet. Du kannst damit deine eigene Grammatikarbeit im Heft überprüfen. Manchmal gibt es im Kursbuch auch nur eine kleine Tabelle. Hier findest du dann mehr Informationen.

Das findest du in der Grammatik:

1 Nomen und Pronomen

1.1 Nomen und bestimmter Artikel:	*der, das, die*
1.2 Nomen und unbestimmter Artikel:	*ein, eine*
1.3 Plural der Nomen:	der Name – *die Namen*
1.4 Artikel ohne Nomen im Satz (Akkusativ):	○ Hast du einen Bleistift? ● Ja, ich habe *einen*.
1.5 Komposita – zusammengesetzte Nomen:	das *Deutschbuch*
1.6 Personalpronomen und Possessivpronomen, maskulin und feminin:	*ich* und *du* – *mein* und *dein*
1.7 Verneinung bei Nomen:	Das ist *kein* Fahrrad – das ist ein Moped.

2 Präpositionen

2.1 Präpositionen mit Akkusativ:	*durch den Park, über die Brücke*
2.2 Präpositionen mit Dativ:	*in der Bahnhofstraße, neben der Post*

3 Adjektive

3.1 Adjektive im Satz:	Amadeus ist *lieb.*
3.2 Komparation:	*groß, größer, am größten*

4 Verben

4.1 Personalendungen, Präsens:	ich wohne, du wohn*st*
4.2 Trennbare Verben:	*vor*lesen
4.3 Verneinung:	Ich lerne heute *nicht.*
4.4 Der Imperativ:	*Schlag* bitte das Buch *auf!*
4.5 Konjugation der Modalverben:	*ich darf, du musst, sie kann*
4.6 Modalverben im Satz, Frage und Verneinung:	Wer *kann* meinen Computer *reparieren?*
4.7 Hilfsverben *sein* und *haben*, Präsens und Präteritum:	*war* und *hatte*
4.8 Das Perfekt (Partizip II):	*gegessen – gemacht – geschlafen*
4.9 Das Perfekt im Satz:	Was *hast* du gestern *gemacht?*

5 Der Satz – Überblick

5.1 Aussagesatz:	*Ich lerne Deutsch.*
5.2 Aussagesätze mit Zeitangaben:	*Heute lerne ich nicht.*
5.3 Fragesatz mit Fragewort:	*Wo ist der Ausgang?*
5.4 Fragesatz ohne Fragewort:	*Lernst du auch Deutsch?*
5.5 Satzklammer:	Ich *kann* heute nicht *kommen.*

Grammatik

1 Nomen und Pronomen

1.1 Nomen und bestimmter Artikel: *der, das, die*

Lerntipp Nomen, Artikel und Bilder verbinden.

Regel Alle Wörter mit **-ung** haben den Artikel „die": **die** Zeichn**ung**, die Begrüß**ung**

Regel Zusammengesetzte Nomen: Der letzte Teil bestimmt den Artikel:
der Lehrer + **das** Zimmer → **das** Lehrer**zimmer**

Regel Plural: Alle Nomen im Plural haben den Artikel „die":
das Kaninchen – **die** Kaninchen, das Haustier – **die** Haustiere

Einheit 3

1.2 Nomen und unbestimmter Artikel: *ein, eine*

Singular		**Plural**	
der Computer	**ein** Computer	die Häuser	— Häuser
das Haus	**ein** Haus		
die Lehrerin	**eine** Lehrerin		

1.3 Artikel ohne Nomen im Satz (Akkusativ)

Hast du einen Bleistift? – Ja, ich habe einen. / Nein, ich habe keinen.

Hast du ein Fahrrad? – Ja, ich habe eins. / Nein, ich habe keins.

Hast du eine Freundin? – Ja, ich habe eine. / Nein, ich habe keine.

1.4 Plural der Nomen: der Name – *die Namen*

A		**B**	
der Papagei	– die Papagei**en**	das Kaninchen	– die Kaninchen
die Frau	– die Frau**en**	der Computer	– die Computer
der Tourist	– die Tourist**en**	der Kilometer	– die Kilometer
C		**D**	
die Katze	– die Katze**n**	der Vogel	– die V**ö**gel
die Schule	– die Schule**n**	die Maus	– die M**ä**us**e**
die Gitarre	– die Gitarre**n**	der Stuhl	– die St**ü**hl**e**
E		**F**	
der Hund	– die Hund**e**	das Auto	– die Auto**s**
das Pferd	– die Pferd**e**	die Disko	– die Disko**s**
das Telefon	– die Telefon**e**		

! die Freundin – die Freundi**nn**en

Lerntipp Plural immer mit dem Nomen lernen.

Die Pluralformen stehen in der Wörterliste im Kursbuch.

Regel Nomen mit **o**, **i**, **a** am Ende – die Disko, das Taxi – Plural ist meistens **s**: die Disko**s**, die Taxi**s**

Regel Nomen mit **e** am Ende – die Katz**e**, die Schul**e** – Plural ist immer **n**: die Katze**n**, die Schule**n**

1.5 Komposita – zusammengesetzte Nomen: das *Deutschbuch*

Im Deutschen findest du sehr oft zusammengesetzte Nomen (Komposita):

das Lehrbuch, das Arbeitsbuch, das Wörterbuch, der Bleistift, der Musikraum, die Turnschuhe, die Großmutter, der Taxifahrer, ...

Diese Wörter haben zwei oder mehrere Teile:

Das letzte Wort ist immer das Grundwort: *Buch*. Ein Wörterbuch ist ein Buch.
Das erste Wort heißt Bestimmungswort: *Wörter*. Andere Bücher sind: das Deutschbuch und das Telefonbuch.

Regel Das zusammengesetzte Nomen hat immer den Artikel des Grundwortes: das Buch – das Wörterbuch. Das Grundwort steht immer rechts.

Überlege: Kannst du in deiner Sprache auch Wörter zusammensetzen?

In den Einheiten 3 und 17 findest du besonders viele zusammengesetzte Nomen.

1.6 Personalpronomen und Possessivpronomen, maskulin und feminin: *ich* und *du* – *mein* und *dein*

○ Das ist mein Fahrrad!

● Nein, das ist mein Fahrrad!

Personalpronomen	Possessivpronomen			
	maskulinum	**neutrum**	**femininum**	**Plural**
	der Hund	*das Fahrrad*	*die Schule*	*die Kaninchen*
ich	mein	mein	meine	meine
du	dein	dein	deine	deine
er	sein	sein	seine	seine
es	sein	sein	seine	seine
sie	ihr	ihr	ihre	ihre
wir	unser	unser	unsere	unsere
ihr	euer	euer	eure	eure
sie	ihr	ihr	ihre	ihre
Sie	Ihr	Ihr	Ihre	Ihre

Ich heiße Amadeus. Kiki ist **meine** Freundin. Wie heißt **dein** Freund?
Das sind **meine** Papageien, Koko und Lore.
Sind das **eure** Eltern? Nein, das sind nicht **unsere** Eltern, das sind **unsere** Großeltern.

Regel **die** immer **e**: di**e** Katze – mein**e** Katze

Einheit 9

1.7 Verneinung bei Nomen: Das ist *kein* Fahrrad. Das ist ein Moped.

Nominativ				**Akkusativ**			
der	○ Ist das		ein Stuhl?	**der**	○ Hast du		ein**en** Stuhl?
	● Nein, das ist		**kein** Stuhl.		● Nein, ich habe		kein**en** Stuhl.
das	ein Fahrrad	–	**kein** Fahrrad	**das**	ein Fahrrad	–	kein Fahrrad
die	eine Schule	–	**keine** Schule	**die**	eine Schule	–	keine Schule
Plural:	— Ferien	–	**keine** Ferien	**Plural**:	— Ferien	–	keine Ferien

Die Verneinung mit *kein* funktioniert genau wie der unbestimmte Artikel (GR 1.2).
Kein steht vor dem Nomen. Im Akkusativ verändert sich nur die maskuline Form: *kein**en***.

Einheit 5

Grammatik

2 Präpositionen

2.1 Präpositionen mit Akkusativ: *durch den Park, über die Brücke*

Diese Präpositionen werden in *sowieso 1* mit dem Akkusativ gebraucht: *durch, über*

der Park
Gehe hier durch **den** Park und dann geradeaus.

die Brücke
Gehe zuerst über **die** Brücke und dann nach rechts.

Einheit 19

2.2 Präpositionen mit Dativ: *in der* Bahnhofstraße, *neben der* Post

Diese Präpositionen werden im Kursbuch zusammen mit dem Dativ gebraucht: *zu, neben, hinter, vor, in, aus.*

	der Musikraum	**das** Lehrerzimmer	**die** Sporthalle	**die** Toiletten
Wie komme ich	**zum** Musikraum? (**zu** de**m**)	**zum** Lehrerzimmer? (**zu** de**m**)	**zur** Sporthalle? (**zu** de**r**)	**zu den** Toiletten?

Wo sitzt Amadeus?

Wo ist die Klasse 7c?

Neben dem Musikraum. **Hinter** dem Musikraum. **Vor** dem Musikraum. **Im** (in dem) Musikraum.	**Neben** dem Lehrerzimmer. **Hinter** dem Lehrerzimmer. **Vor** dem Lehrerzimmer. **Im** (in dem) Lehrerzimmer.	**Neben** der Sporthalle. **Hinter** der Sporthalle. **Vor** der Sporthalle. **In** der Sporthalle.

Einheit 12

Präposition *aus*

Singular	Das ist	die Schweiz. die Türkei. die Slowakei. die Bundesrepublik.	Ich komme	**aus der** **aus der** **aus der** **aus der**	Schweiz. Türkei. Slowakei. Bundesrepublik.
Plural	Das sind	die USA.	Ich komme	**aus den**	USA.
Länder ohne Artikel:	Das ist	Österreich.	Ich komme	**aus**	Österreich.

Einheit 2

3 Adjektive

3.1 Adjektive im Satz

Das sind Adjektive: lieb, groß, alt

Amadeus ist lieb. Die Schule ist groß. Die Papageien sind alt.

3.2 Komparation: *groß, größer, am größten*

Mit Adjektiven kannst du Dinge und Personen vergleichen. Die Adjektive verändern sich dabei:

Juri ist 1,40 m groß. Jens ist größer. Er ist schon 1,75 m.

	Adjektiv	Komparativ	Superlativ
a	schwer klein lieb schnell lau**t**	schwerer kleiner lieber schneller lauter	am schwersten am kleinsten am liebsten am schnellsten am laut**e**sten
b	dumm schwach groß alt	d**ü**mmer schw**ä**cher gr**ö**ßer **ä**lter	am d**ü**mmsten am schw**ä**chsten am gr**ö**ßten am **ä**ltesten
c	gern viel gut	lieber mehr besser	am liebsten am meisten am besten

Regel **t** am Ende: Ein **e** steht zwischen Stamm und Endung.

Hier verändert sich der Vokal.

Diese Komparativformen musst du lernen. Es gibt nicht viele. In *sowieso 1* sind es nur drei.

Einheit 17

4 Verben

4.1 Personalendungen im Präsens

regelmäßig		
ich	wohn**e**	kauf**e**
du	wohn**st**	kauf**st**
er es sie	wohn**t**	kauf**t**
wir	wohn**en**	kauf**en**
ihr	wohn**t**	kauf**t**
sie	wohn**en**	kauf**en**
Sie	wohn**en**	kauf**en**

unregelmäßig	
sprech**e**	les**e**
sprich**st**	lie**st**
sprich**t**	lie**st**
sprech**en**	les**en**
sprech**t**	les**t**
sprech**en**	les**en**
sprech**en**	les**en**

Bei unregelmäßigen Verben ändert sich der Vokal.

In der 1. Person (ich) fehlt in der gesprochen Sprache oft das *e* am Ende:

4.2 Trennbare Verben

	Infinitiv
Die Lehrerin (liest) einen Satz (vor).	vorlesen
Aber die Schüler (schreiben) den Satz nicht (auf).	aufschreiben
(Kommst) du am Sonntag (mit) ins Kino?	mitkommen
Ich weiß nicht. (Rufst) du mich heute Abend (an)?	anrufen
(Schlagt) bitte eure Bücher (auf)!	aufschlagen

4.3 Verneinung: Ich lerne heute *nicht.*

Regel Im Aussagesatz steht *nicht* rechts vom Verb.

Maria *geht nicht* gern in den Zoo.

Regel In Aussagesätzen mit Hilfsverben oder Modalverben (Satzklammer) steht *nicht* zwischen Modalverb und Verb.

Ich *habe* gestern *nicht gearbeitet.*
Fredo *kann nicht* Tennis *spielen.*

Überlege: Wie funktioniert die Verneinung in deiner Sprache?

4.4 Der Imperativ: *Schlag* bitte das Buch *auf.*

	Informell		**Formell**

Infinitiv	**Singular**	**Plural**	
schreiben	Bitte **schreib** den Satz.	Bitte **schreibt** den Satz.	Bitte **schreiben Sie** den Satz.
hören	Bitte **hör** die Kassette.	Bitte **hört** die Kassette.	Bitte **hören Sie** die Kassette.
sprechen	**Sprich** bitte etwas lauter.	**Sprecht** bitte etwas lauter.	**Sprechen Sie** bitte etwas lauter.
vorlesen	Bitte **lies** den Text **vor**.	Bitte **lest** den Text **vor**.	Bitte **lesen Sie** den Text **vor**.
aufschlagen	**Schlag** bitte das Buch **auf**.	**Schlagt** bitte das Buch **auf**.	**Schlagen Sie** bitte das Buch **auf**.

4.5 Konjugation der Modalverben: *ich darf, du musst, sie kann*

	können	müssen	dürfen
ich	kann	muss	darf
du	kannst	musst	darfst
er es sie	kann	muss	darf
wir	können	müssen	dürfen
ihr	könnt	müsst	dürft
sie	können	müssen	dürfen

4.6 Modalverben im Satz, Frage und Verneinung – die Satzklammer

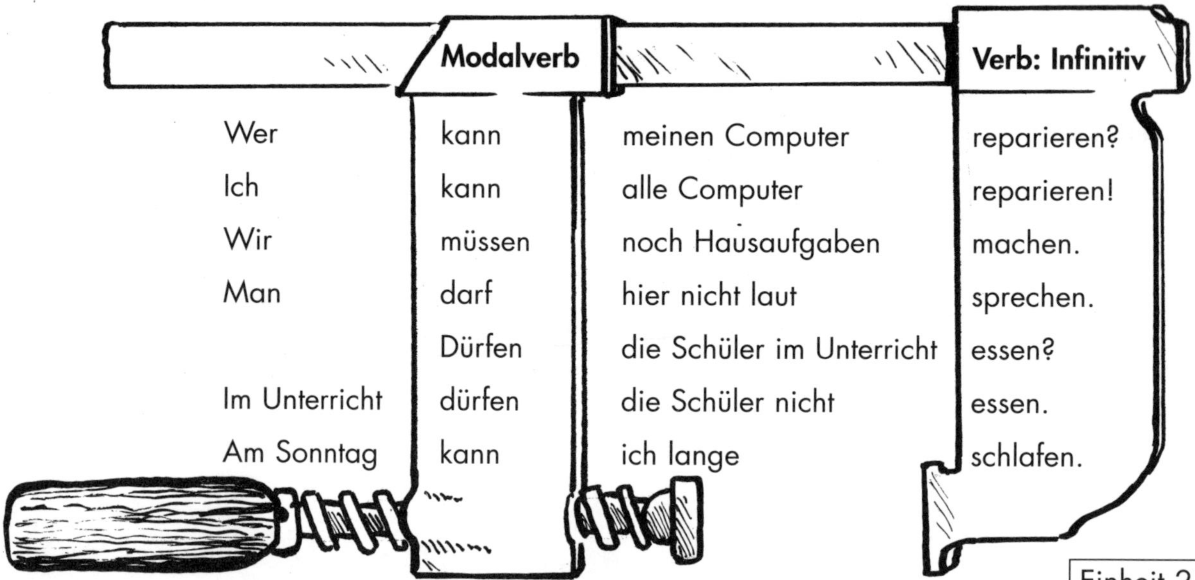

	Modalverb		Verb: Infinitiv
Wer	kann	meinen Computer	reparieren?
Ich	kann	alle Computer	reparieren!
Wir	müssen	noch Hausaufgaben	machen.
Man	darf	hier nicht laut	sprechen.
	Dürfen	die Schüler im Unterricht	essen?
Im Unterricht	dürfen	die Schüler nicht	essen.
Am Sonntag	kann	ich lange	schlafen.

Einheit 21

4.7 Hilfsverben *sein* und *haben* im Präsens und Präteritum

	sein		*haben*	
	Präsens	Präteritum	Präsens	Präteritum
ich	bin	war	habe	hatte
du	bist	warst	hast	hattest
er es sie	ist	war	hat	hatte
wir	sind	waren	haben	hatten
ihr	seid	wart	habt	hattet
sie	sind	waren	haben	hatten

Einheit 14

4.8 Das Perfekt – das Partizip II der unregelmäßigen Verben in *sowieso 1*

Infinitiv	Partizip II	Infinitiv	Partizip II	Infinitiv	Partizip II
anfangen	angefangen	haben	gehabt	schneiden	geschnitten
anrufen	angerufen	heißen	geheißen	schreiben	geschrieben
ansehen	angesehen	helfen	geholfen	schwimmen	geschwommen
anziehen	angezogen	herausnehmen	herausgenommen	sehen	gesehen
aufgehen	aufgegangen	kennen	gekannt	sein	gewesen
aufschlagen	aufgeschlagen	kommen	gekommen	singen	gesungen
aufschreiben	aufgeschrieben	können	gekonnt	sitzen	gesessen
aufstehen	aufgestanden	laufen	gelaufen	sollen	gesollt
aussprechen	ausgesprochen	leihen	geliehen	sprechen	gesprochen
beginnen	begonnen	lesen	gelesen	stehen	gestanden
beschreiben	beschrieben	liegen	gelegen	tragen	getragen
bleiben	geblieben	mitbringen	mitgebracht	treffen	getroffen
durchlesen	durchgelesen	mitgehen	mitgegangen	trinken	getrunken
dürfen	gedurft	mitkommen	mitgekommen	tun	getan
einladen	eingeladen	mitschreiben	mitgeschrieben	verbinden	verbunden
essen	gegessen	mögen	gemocht	vergessen	vergessen
fahren	gefahren	müssen	gemusst	vergleichen	verglichen
fernsehen	ferngesehen	nachschlagen	nachgeschlagen	verlieren	verloren
finden	gefunden	nachsprechen	nachgesprochen	verstehen	verstanden
fliegen	geflogen	nehmen	genommen	vorlesen	vorgelesen
geben	gegeben	raten	geraten	vorsprechen	vorgesprochen
gefallen	gefallen	rauslassen	rausgelassen	waschen	gewaschen
gehen	gegangen	reiten	geritten	weitergehen	weitergegangen
gewinnen	gewonnen	schlafen	geschlafen	wissen	gewusst
gießen	gegossen	schlagen	geschlagen	zurückfliegen	zurückgeflogen

Einheit 20

Lerntipp Das Partizip immer mit dem Verb lernen.

4.9 Das Perfekt im Satz: Was *hast* du gestern *gemacht?*

Einheit 18

Lerntipp Das Partizip kann man leicht finden. Im Hauptsatz steht es immer hinten.

Grammatik

5 Der Satz

5.1 Aussagesatz

1	2	
Ich	lerne	Deutsch.
Meine Schwester	geht	in Klasse 9a.

Regel Das Verb steht an Position 2.

5.2 Aussagesätze mit Angaben (Zeit): *Heute lerne ich nicht.*

1	2	
Ich	war	im Kino.
Gestern Abend	war	ich im Kino.
Ich	fahre	in die Stadt.
Heute Nachmittag	fahre	ich in die Stadt.
Ich	besuche	meine Tante.
Morgen	besuche	ich meine Tante.

Einheit 14

5.3 Fragesatz mit Fragewort: *Wo ist der Ausgang?*

1	2	
Wer	hat	noch 10 Mark?
Wie	heißt	dein Freund?
Wo	wohnt	Maria Anderl?
Was	machst	du am Wochenende?
Wann	gehst	du schwimmen?

Einheit 4

5.4 Fragesatz ohne Fragewort: *Lernst du auch Deutsch?*

Hast du Englisch gelernt?

Willst du auch Französisch lernen?

Wart ihr schon in Österreich?

Kommt Peter auch mit ins Kino?

Regel Fragesatz ohne Fragewort: Das Verb steht am Anfang.

Einheit 4

5.5 Satzklammer: Ich *kann* heute nicht *kommen*.

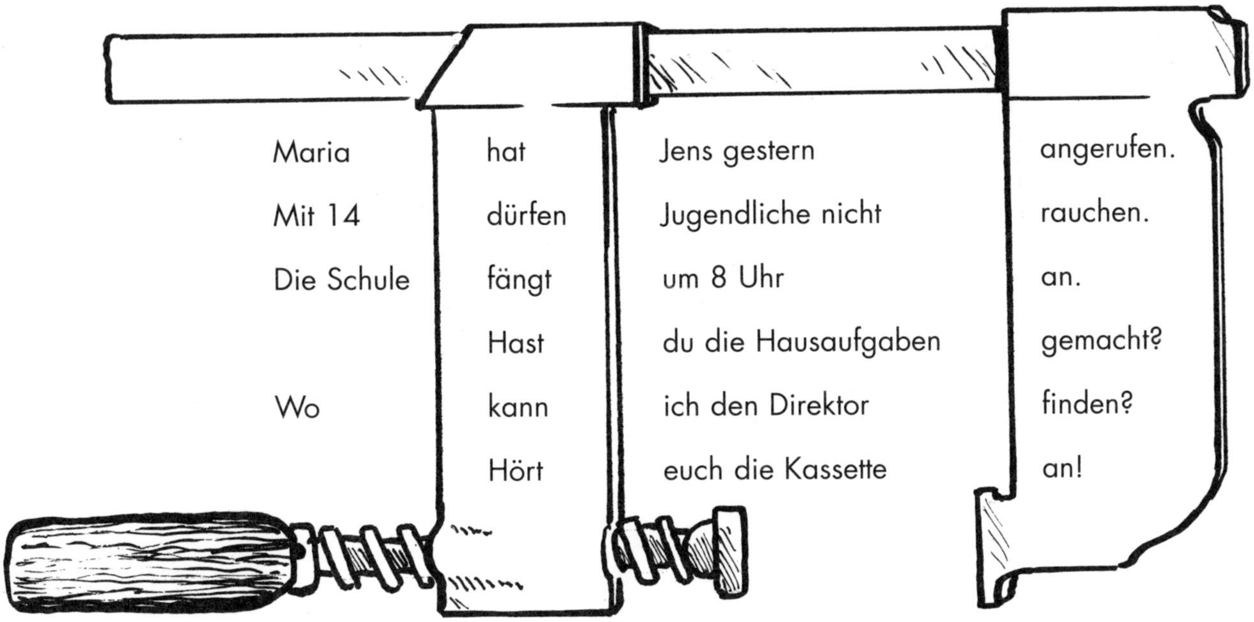

Maria	hat	Jens gestern	angerufen.
Mit 14	dürfen	Jugendliche nicht	rauchen.
Die Schule	fängt	um 8 Uhr	an.
	Hast	du die Hausaufgaben	gemacht?
Wo	kann	ich den Direktor	finden?
	Hört	euch die Kassette	an!

Seite

4 Reisepass, Tourist: L. Rohrmann; Computer, Telefon: Th. Gockel, C. Knobel, grafic fotografie, Hofgeismar
20 Th. Gockel, C. Knobel, grafic fotografie, Hofgeismar
26 L. Rohrmann
30 Interfoto, München
32 Kümmerly und Frey, Bern
42 Lindenberg SZ Archiv
43 Nena: Sony Music
45 L. Rohrmann
46 Krokodile: H.Funk; Affen, Kamel, Hund, Eisbären: L. Rohrmann
48 L. Rohrmann
51 A: Interfoto, München; B: T. Scherling; C: B. Stenzel
55 Wencke, Daniel: H. Funk, Familie: Jugendscala 3/88, Frankfurter Societätsdruckerei; Heike: L. Rohrmann
59 Karte Polyglott, München
60 Stadtplan Düsseldorf: aus: "Gästeführer Düsseldorf ", Ewald Schwarzer Verlag, Taufkirchen
61 Fabrik: Opel Eisenach, GmbH; Bachhaus: Bachhaus Eisenach
63 Wartburg: aus: Stadtführer Eisenach 1990, Dr. Wolfram Hitzeroth Verlag, Eisenach; Steinberghaus: Naturfreunde, Münden
66 Fotos Scherling

Seite

69 Fußabdrücke Mond: Süddeutscher Verlag, Bilderdienst, München
79 Der Schnellste ..., Leichathletik: Velber Verlag, Seelze
80 Th. Gockel, C. Knobel, grafic fotografie, Hofgeismar
84 Lieschen (ein Bild) : aus: Erich Rauschenbach, Aare Verlag, Solothurn 1979, in: Edition Goethe, Junge deutsche Literatur
85 Die Beatles: Velber Verlag, Seelze (Text); Süddeutscher Verlag, Bilderdienst, München (Foto)
87 Schneller Schienen Express: GCI Ringpress (Foto), Juma 3/91 (Text)
90 H. Funk
91 H. Funk
95 Bach: Deutsche Grammophon, unter Verwendung eines Gemäldes von Horemann (Archiv für Kunst und Geschichte); Boarischer Tanzbodn: M. Well, München
103 H. Funk

In einigen Fällen ist es uns trotz intensiver Bemühungen nicht gelungen, die Rechteinhaber von Texten und Abbildungen zu ermitteln. Für entsprechende Hinweise wären wir dankbar.

Spannung
im DaF-Unterricht...

Anruf **genügt...** und Privatdetektiv Helmut Müller aus Berlin ist zur Stelle. Er spielt die Hauptrolle in der Krimireihe von Felix & Theo. Eine spannende Kriminallektüre in drei Schwierigkeitsgraden für Deutsch-Lerner aller Altersstufen. Jeder Band enthält im Anhang einen Übungsteil, der Hilfestellung bei der Inhaltserschließung gibt.

Oh, Maria...
Die Geschichte einer folgenreichen Begegnung zwischen Detektiv Müller und seiner früheren Studienfreundin.
ISBN 3-468-49681-8, Stufe 1, 32 Seiten, ill.

Ein Mann zuviel
Die Beobachtungen eines Fotoreporters helfen Müller auf die Spur von zwei Heroinhändlern.
ISBN 3-468-49682-6, Stufe 1, 32 Seiten, ill.

Tödlicher Schnee
Selbst im Skiurlaub muß Detektiv Müller aktiv werden: Zwei Teilnehmer am Umweltkongreß, der in Müllers Hotel stattfindet, sind ermordet worden...
ISBN 3-468-49680-X, Stufe 2, 48 Seiten, ill.

Das Gold der alten Dame
Nachdem die alte Dame aus dem Nachbarhaus mit dem Notarzt weggebracht wurde, macht Detektiv Müller interessante Beobachtungen.
ISBN 3-468-49683-4, Stufe 2, 40 Seiten, ill.

Der Fall Schlachter
Detektiv Müller entwirrt die Hintergründe eines rätselhaften Mordes in einer Werbeagentur.
ISBN 3-468-49684-2, Stufe 3, 56 Seiten, ill.

Adel und edle Steine
In einem Münchner Nobelhotel findet eine Ausstellung mit erlesenem Schmuck statt. Helmut Müller wird vom Veranstalter als Detektiv zur Überwachung engagiert...
ISBN 3-468-49685-0, Stufe 1, 32 Seiten, ill.

Ferien bei Freunden
Detektiv Müller will ein paar Tage Urlaub bei seinem Freund in Barcelona machen. Auf der Reise kommt er mit einer Frau ins Gespräch, die auf einen Immobilienbetrüger hereingefallen ist. Müller zögert – er hat seinen Urlaub bitter nötig – aber dann beschließt er, der Frau zu helfen...
ISBN 3-468-49686-9, Stufe 2, 48 Seiten, ill.

Einer singt falsch
Udo Buchental, ein Idol der deutschen Popmusik, ist verschwunden. Detektiv Müller wird von der Plattenfirma beauftragt, nach Buchental zu fahnden.
ISBN 3-468-49687-7, Stufe 2, 48 Seiten, ill.

Haus ohne Hoffnung
In der Nähe eines Asylbewerberwohnheims wird ein junger Mann tot aufgefunden. Am gleichen Tag verschwindet ein junger Asylbewerber. Der Verdacht fällt auf ihn. Detektiv Müller wird um Hilfe gebeten...
ISBN 3-468-49689-3, Stufe 3, 40 Seiten, ill.

Bild ohne Rahmen
Detektiv Müller ist zu Besuch bei einem alten Freund, einem Maler, der ihm seine neuesten Arbeiten zeigt. Müller möchte eines der Bilder kaufen. Sein Freund lehnt mit einer etwas fadenscheinigen Begründung ab. Müller ahnt Schlimmes: Ist sein Freund ein Kunstfälscher?
ISBN 3-468-49688-5, Stufe 2, 40 Seiten, ill.

Langenscheidt L
...weil Sprachen verbinden

Postf. 40 11 20 · 80711 München · Telefon 0 89/360 96-0